「らい学級の記録」再考

鈴木敏子

学文社

まえがき

この書の構成と目的は、大略左の通りである。

〈1〉「らい学級の記録」の再録。

私は二〇〇四年の今日まで「『らい』学級の記録」を二冊書いている。

⑴「らい学級の記録」一九六〇年度―一九六三年度までの三年間の記録。一九六三年、明治図書刊。

⑵「書かれなくともよかった記録―『らい』病だった子らとの十六年」二〇〇〇年自費出版。これは⑴を受けて、一九六三年度から一九七五年度まで、つまりらい学級閉鎖（小学校）までの記録だが、全体を総括する意味で十六年とした。

⑴⑵の大きな違いは、「らい予防法」をどう考えていたかという点にある。

⑴は、明治図書に奨められて書いたものであり、法の存在は知ってはいたが、どれほどの人権無視の悪法かということへの認識はほとんどなかった。

⑵は⑴と違い、一九九六年「らい予防法」廃止によって、人権無視の悪法を百年近くも続けた国家権力と、知ろうとしなかった己れの無知への批判をこめて書いたつもりである。

〈2〉「らい問題」諸論文の再録

Ⓐ「神谷美恵子と『らい予防法』」（「多磨」二〇〇二年、二月号）

Ⓑ「戦後民主主義と『らい』問題」（「多磨」二〇〇二年、八月）（林力論）

Ⓒ「『感傷主義』の諸相一」（「多磨」二〇〇三年、八月）（「砂の器」論）

Ⓓ「『感傷主義』の諸相二」（日本文学協会『近代部会ニュース』二〇〇三年九月）（「芥川賞問題その他）

Ⓔ「『感傷主義』の諸相三」（「小島の春」論）

〈3〉特記したい諸論文の再録

①「鈴木敏子の世界」大谷藤郎著「社会保険旬報」二〇〇一年一月

②「全体を通じて」（「研究資料、大谷藤郎とハンセン病」二〇〇二年九月刊　（大谷藤郎著、鈴木敏子著③の紹介）

③「戦後民主主義と『らい』問題」（大谷藤郎論）鈴木敏子著（「日本文学」二〇〇一年、十月号より②に転載。

〈4〉全再録作品〈1〉〈2〉〈3〉への再考

付記

「らい」という呼称について

一九六三年　私の「らい学級の記録」が出版された頃は「らい」という呼称が一般的であったので、それに従った。

「らい学級の記録」再考＊もくじ

まえがき　i

〈1〉「らい学級の記録」再録

全生園分教室に就職するまで　3
1　教師としてやりなおしをしたい　3
2　産休補助教員として　6
3　失業以来六年目でやっと　12
第一年度の記録　21
1　白い予防衣を着て教室へ　21
2　無力感とさびしさと　26
3　たよりない先生　31
4　みんなの前を堂々と歩け　41
5　指導能力とユーモアと　51
6　自分で自分を守る　62
第二年度の記録　70
1　授業・録音・テレビ　70

2 予算増額のための運動 …… 80
3 らい予防法の矛盾 …… 86
4 真剣勝負の授業をみる …… 94
5 挫折の悲しみの中で …… 99
第三年度の記録 …… 121
1 入園する子、退園する子 …… 121
2 日記をつけさせる …… 128
3 学校予算は最悪の事態 …… 135
4 たったふたりの分教室 …… 139
5 暖房設備で直接交渉 …… 150
6 学校予算・本校と分教室 …… 159
7 校長がはじめてやってきた …… 171
8 職員会議に出席して …… 190
9 三度目の卒業式 …… 197
序にかえて――筆者のことなど――【猪野謙二】 …… 214
あとがき …… 218

〈2〉「らい問題」諸論文の再録
Ⓐ 神谷美恵子と「らい予防法」……224
Ⓑ 戦後民主主義と「らい」問題（林《はやしちから》 力論）……230
1 生い立ちと「被差別部落」との関係　230
2 らい者の父との関係　232
3 破戒宣言の意義　234
Ⓒ 「感傷主義」の諸相（一）（「砂の器」論）……238
「砂の器」松本清張原作と映画　241
Ⓓ 「感傷主義」の諸相（二）（「芥川賞問題」その他）……247
1 「芥川賞問題」再考　247
2 武田泰淳と椎名麟三　249
3 大谷藤郎の場合　250
Ⓔ 「感傷主義」の諸相（三）（「小島の春」論）……252
〈3〉特記したい諸論文の再録
① 「鈴木敏子の世界」【大谷藤郎】……262

② 「全体を通じて」――「戦後民主主義と『らい』問題」鈴木敏子氏――【大谷藤郎】…… 266
③ 戦後民主主義と「らい」問題（大谷藤郎論）【鈴木敏子】…… 268
1 「らい予防法」廃止 268
2 資料館設立 270
3 「らい予防法違憲国家賠償請求訴訟」証言 271
〈4〉全再録作品〈1〉〈2〉〈3〉への再考…… 275
あとがき…… 283

〈1〉

「らい学級の記録」再録

全生園分教室に就職するまで

1　教師としてやりなおしをしたい

一九六〇年六月十一日　わたしはやっと教頭から辞令をもらった。さっそく開いてみた。

『東京都北多摩郡東村山町公立学校教員に任命する。
東京都北多摩郡東村山町立K小学校助教諭に補する。
小中教三等級十四号給一七三一〇円を給する。
昭和三十五年五月一日　　　東京都教育委員会』（註1）

それまで辞令なぞ満足にみたこともなかったわたしだが、これだけは二、三べん読み返していた。冷たい事務的にすぎぬ文字を。

すると教頭が「月給が少ないですか」という。

「いいえ、思ったより多いです」ととっさに答えたものの、わたしの胸中は、そんな月給の多寡よりも、やっとこれで本採用になれた、という感慨でいっぱいだったのだ。

一九五四年九月、ある出版社を病気退社以来六年目、産休補助教員として再出発してから三年目、やっとわたしは臨時的身分、潜在失業者的存在から解放されたのだ。

これで三か月ごとに次の学校を捜す必要もなくなったし、八月も給料をもらえる。夏期手当、年末手当も人並みにもらえる、健康保険もある、昇給もする、組合員にもなれる——やっといちおう生活が安定するのだ——その喜びがしだいにこみあげてきていた。

この失業者といっていい六年間、わたしは臨時の事務的な仕事を次々としてきた。ある時は知人の紹介で、多くは職業安定所の紹介で。その間書いた履歴書は、二百通位になるだろう。おかげでわたしは毛筆の細字が人にほめられるほどに上達していた。

わたしが産休補助教員としてふたたび教職に就いたのは、五七年二月十六日である。

なぜわたしは、昔、いやで退めた教職にふたたび就こうとするようになったのか。

一九四九年の冬、福島県の会津の中学校を退職したわたしは、上京して、ある官庁関係の出版社に入社した。

五二年の七月から自由大学サークルに通うようになった。このサークルは、戦後まもなく、南博、高桑純夫、古在由重等の学者たちによって、働く者のための大学——自由大学——が建設されようとしたが、学校として成立することができず、サークルとして存続させられたものである。そこでわたしは、哲学、経済、文学、法律等を学んだ。そういう形で学問の民主化が行われたおかげで、私のように大学などに進学できなかった者にも、すぐれた学者や研究者に接し、学問する道が開かれたのである。それらの勉強は非常に楽しかった。わたしの生涯にとってもそう何度もない、生きている、という実感に溢れた月日であった。しかもそのことによって自分の思想が変わってゆくのを、いや今はじめて思想らしきものが形成されてゆくのを如実に経験したわたしは、教育の重要性に初めてめざめたといっていい。

一九五一年に「山びこ学校」が出版されていた。サークルへ行くようになってからそれを読んだわたしは、その教育のみごとな結晶に驚嘆した。戦中派のわたしになぞもっとも欠けている「考える」子どもが生まれていた。そのような教育は、ことに戦中の師範教育からはつかめぬものだった。

また、カボチャを煮て食べたりしながら子どもといっしょに三輪車作りに夜ふけまで熱中している無着先生の姿を思うとき、そこにわたしは何か牧歌的な詩情を感じたりもするのだった。わたしはでたらめだった自分の戦時中の教師生活を反省させられるとともに、もう一度やり直してみたい誘惑を覚えるのだった。

また、同じサークルに来ていたわたしの若いすぐれた友の何人かは、これから教師として出発しようとしていた。

以上のようなことが主になって、わたしはかつて見捨てた教職にふたたび就こうと思うようになったのである。

しかし、すでにそのころ教職への門は狭かった。それでもその年の七月に選考試験を受けた。

2　産休補助教員として

四月から七月まで約三か月、毎夜試験勉強をした。小学校の全課九課目と教職教養に関する法規類、心理学、教育学等々とかなり広範囲にわたって勉強せねばならなかった。長い間記憶力を使わず、また、小説や思想的な論文しか読まなかったわたしにとって、いまさらの試験勉強は辛かった。ことに理数科が苦手だった。

それでも七月の選考試験では学課はパスした。うれしかった。わが能力いまだ衰えず、と気をよくした。しかしつづいての第二次の口頭試問では落とされてしまった。もう大丈夫と思っていただけに、失望は激しかった。健康も回復し、先生という仕事のおもしろさを感じはじめていただけに失望は大きかった。

あとで採用候補者名簿をみると、三十才以上はたったひとりしか載っていない。わたしはもう三十三才であった。年令で切られたのだ。それなら受験させなければいいのに、とくやしがった。（次の試験の時からは三十才以上は受験資格から落とされていた）

わたしは、産休補助教員を続けるほかないのだ、と心を決めようとするのだが、なかなかそうできなかった。やっと子どもたちと親しくなれたと思うともう次の学校を捜さねばならぬ、それは三月《みつき》ごとの失恋に等しい、と思ったりした。また何の貯えもないわたしは、次の学校がなかったら、また職安にでもいくほかない。それはもういやだった。そういう精神的にも経済的にも不安定な状況に耐える覚悟はできなかった。

それに勤めていても、臨時という身分からくる差別扱いを時々感じさせられた。

ある学校では、本採用の女教員のいうことに反対したら、「あんたは臨時なんだから決められたとおりにすればいいの」と言われた。またある学校では、別れる時皆の前であいさつしたら「補助教員のあいさつとしては立派なものだよ」とほめられた。

また、わたしはどの学校でも職場会にはよく出席した。勤評闘争（註2）の激しかったころで、そこでは各人の考えがよくわかった。傍観者的な言い方だがそれがおもしろかった。組合員でないわたしはもちろん発言権もなかったし、黙っていたが、どうしても発言したくなることもあった。そういうとき、あとでは、いいことをいってくれた、という人もいるのだけれど、その場では、あきらかにわたしの発言に刺激された発言だな、と思っても、その人はわたしの発言には何もふれない。そんな時わたしは、ああ、部外者だと思って認めないのだな、と感じてしまう。ひがみかもしれない、と思いつつも。

ある分会からは締め出しをくったこともあった。

以上のようなことを通して、わたしは、認められるにせよ、認められないにせよ、自分が臨時という身分ぬきでは人からみられないこと、逆にいえば大部分の人はある種の優越感をもってわたしをみていることをありありと感じた。そういう人々の差別感を意識させられるごとにわたしはくやしがり、自意識が過剰になったり劣等感を覚えたりした。

病者や経済力のない人間は、それだけで社会の落伍者であった。

何とかして本採用になる道はないものか――しきりにその方法を探していた。

一九五九年の五月、朝日新聞に、ある療養所内の学校に、先生のなり手がなくて困っている、という記事が載っていた。

わたしはそこを管轄している地方事務所に飛んでゆき、一面識もないのに教育担当のＡ氏に会って頼んだ。しかしそこにはすでに希望者がおり、病院側の看護婦と交渉する関係上、男の方がいい、というのだ。その時Ａ氏は、「全生園にゆく気があるか。あそこの先生ももう七年になるから替えてあげなきゃと思ってる」という。全生園とはらい療養所だ。わたしは全生園という名は知っていたが、それが都内にあることも、ましてその中に学校があることなぞも知るよしもなかった。

Ａ氏は、はじめて全生園にいった夜は眠れなかった、患者たちの姿が目に浮んで、という。わたしの知識の中にあるらいへの恐怖はＡ氏のことばによってなお強められた。

「そこまでは考えてきませんでした」そういって引き下がるほかなかった。

それからのわたしは特殊学校関係を捜しはじめた。その方の指導主事のＢ氏を紹介してもらった。また旧師に頼んで特殊学校のＣ校長にも紹介してもらった。ところがＣ氏はすでに普通の中学校の校長に転出していた。それでもともかくＣ校長の家をまず訪ねた。

ある小さな駅で降りたわたしは、近くの果物店に立ちよった。果物なら安くて量もあり、誰にでも大てい好かれる——そういう自分の打算をいやしみ、またこうして物をもって就職を頼みにゆかねばならぬいやらしさも痛感していた。それは贈賄であり買収ではないか。しかもわたしはこんなみみっちいもので買収せねばならぬ——それはわたしをみじめにし、相手をも堕落させることだ。こういう手段をとらねばならぬ現実が腹立たしかった。

C校長の家は駅近くの家ごみの中にあった。初対面なのに、ひどく親密そうにわたしを迎えた。そしてD特殊学校長のE氏は自分のもとで十年も教頭をしていた男だ、この間もそのD校の増築祝いにいって会ってきたばかりだ。さっそく紹介状を書く、という。「——十一月ごろまでに書類を出せば、十二月ごろには発令になるだろう——」などとまでいう。そんなに簡単にことが運ぶものだろうか、といぶかったが半分はうれしくもあった。

数日してE校長に電話した。するとE校長の声はすごくつっけんどんだった。第一、C校長はすぐ電話しておく、といいながらしてなかったのだ。わたしは事情を話してお会いしたい、といってみた。すると、就職のことなぞそんなに簡単にいくもんじゃない、見込みがない、といった方が早い位だ、しかしせっかくだから会うだけ会いましょう、という。二人の校長の言い分のあまりの違いにわたしは呆然とし、がっかりした。

しかし、ともかく、と思って二時間近くもかかってF特殊学校にE校長を訪ねていった。E校長は、学校の近くにへやを借りていた。遠いので家族と離れて暮しているらしかった。

座敷に上がって向かい合った。E校長も小柄でやせた人だった。やはり最初は電話をかけた時のようにふきげんだった。わたしは気が重く悲しくなり、よほど帰ってしまおうかと思ったが、もう一度就職のことを頼んでみた。すると、「校長の一存だけでうまくゆくものではない。採用には枠があって今はいっぱいだ」といい、「いったいC校長はぼくのことを何といっていた」ときくので
「『ぼくといっしょに十年間もやってきた人だ。いってよく頼めばきっと力になってくれる』といってました」というと、
「あの人はぼくの校長だった人だが、はっきりいうがぼくは尊敬していない。同僚からもほとんど尊敬されなかった人だ」という。それでわたしはやっとE校長のふきげんな原因がわかった。それはわたし自身へむけられたものではなくて、C校長へむけられたものだったのだ。よほどC校長が嫌いらしい。またわたしに、C校長とはどういう関係か、ときくので、「旧師に紹介してもらいました」というとしだいにふきげんがとけてきたらしく、少し表情を柔かくして
「C校長はすぐにも採用されそうなことを言ったろう」という。その通りなので、
「ええ、十一月ごろまでに書類を出せば、十二月中には発令になるだろう、といってました」
というと
「そういう人だよ、あのC校長は。無責任な口あたりのいいことをいいふらす人なんだ」という。そういいながらE校長のふきげんはみるみる消えてゆき、濃い眉毛の下の目でわたしをじっとみると、
「鈴木敏子さんか――」という。わたしはちょっとどきりとした。
「まァ、こうしてお会いしたのも何かの縁でしょう。頼まれるとぼくは気が弱くてね、断わりきれない

んだ。一年間会っても何でもない人もいるし、一時間会っても、一年会ったくらい親しくなれる人もある。まァあなたのためにはできるだけ骨折ってみようと思う。採用の枠さえあれば、校長が、来手がないからぜひこの人を、と言えば、不可能ではないんだ」という。

E校長の態度は百八十度転回したわけだが、そうなればそうで、またわたしは何となく落ちつけなかった。

E校長は、夕飯を食べにゆくからいっしょに出よう、という。駅前の小さな店に案内された。そこはE校長の行きつけの店らしく、しきりに店の女の人をからかっている。「お前さんのところを通ると、いつもパンツがいっぱい干してある」なぞといっている。そういう時、E校長の小さな、肩の骨の浮き出た体は、やっと氏の正体を表わしているようにみえた。

トンカツとご飯が運ばれてきた。

食べながらE校長は、ほんとにできるだけ骨折ってみるつもりであること、教育庁にはわりと顔がきくこと、学校でも同僚から信頼を得ていることなぞをくり返し話すのだった。

わたしは物を頼みにいった初対面の人からご飯をごちそうになる、などということには馴れていなかったので、なんとなく落ちつかなかった。そして正直のところE校長に対してもやはり懐疑的だった。たしかに政治力もあるのかもしれないし、骨折ってくれるのかもしれない、そう思いつつも浸み込んでいる就職のむずかしさが、わたしを人間不信にしてゆくようだった。

3　失業以来六年目でやっと

わたしはまた特殊教育の指導主事のF氏宅も訪ねた。

F氏は長い間精神薄弱児の教育をしてきた人であり、ソビエトの本なども読んでいた。ソビエトの教育学をしらずして、特殊教育を論ずることはできない、といっていた。しかし大っぴらにそういうことをいうとさしさわりがあるが——ともいっていた。奥さんもサークルで経済学を勉強している、といっていた。

F氏は千葉の方の精薄児の施設、H学園を世話してくれた。

二、三日して、その学園にゆくため、午後早退を校長に申し出た。校長はちょっといやな顔をした。

H学園は、東京から一時間ばかりいった小さな駅で降り、二十分ばかり田んぼ道を歩いた小高い丘の上にあった。

園長に会った。話しぶりのやさしい人であった。一見してそれとわかる精薄児たちが、お掃除したり、作業のあとしまつをしたりしていた。

先生たちは皆住込みで、ことに女の先生たちは生徒の身のまわりの世話までしていたが、月給は八千円位で、自分の時間などほとんど持てぬらしい。まず体力的にわたしには勤まりそうもない、と思って辞した。

それらの就職運動は、すべて勤めながら、暇を縫っての行動だった。先にも書いたように、時々そうして早びけするのを快く思わぬ校長もあった。たとえ授業にさしつかえなくとも。

そうしてひとりで動きまわりながら、失業以来の数々の就職のための苦い経験などをも思い出し、個人の力でなぞどうにもならぬ巨大な壁を感じるのだった。人間ひとりが食うことが、こんなに難しくあっていいものだろうか――わたしはその巨大な壁に怒りを覚えずにはおれなかった。

憲法二十七条には勤労は国民の権利でありまた義務であると定めてある。しかし現実的にはその権利を行使したくともその場所がないし、義務を果そうとしても同じ理由で果せない。

H学園を訪ねた話をしにふたたびF氏宅を訪ねた時、話のついでに全生園のことをいうと、F氏は、この間行ってきたが、園長の話によると、今はもうらいは伝染しないそうですよ、という。その一言がわたしを勇気づけた。

わたしはすぐにまたA氏のところに飛んでいった。

「先生を続けたい、と思っていろいろ捜したが、どうもいけそうな所がない。全生園に行きたいと思うから、一度見学させてほしい」といった。するとA氏は「生活のために腰かけ的に考えられては困る。それでは子どもたちがかわいそうだ」とふきげんにいう。わたしはあわてた。五月に来た時は、初めてなのに親しく話ができ、わたしの気持もわかってもらえた、と思っていたので、その裏づけの上で話したつもりだった。わたしにとっては、先生をしたい、ということと、生活を安定させたい、ということとは同じ重みをもつことであった。しかしA氏には後者に重点がある、ととられてしまったのだ。自分の話し方がまずかったことに気づいたがもう遅い。あわてたわたしは「子どもがかわいい」と言った。するとA氏は「だれだってかわいい」という。せっぱつまったわたしは「考えていることがある」といった。何だときくので、いいたくなかったが言った。「もう自分の子どもは生めないかもしれないから、せめて人の子でもいい、子どもといっしょの生活がしたいのです」と。そう言う時のわたしは、心中の一大秘密でもうち明けるように悲壮感に包まれてちょっと声がくもった。そしてそういうところへわたしを追いこんだA氏を憎み出してもいた。

A氏はただ肯くと、全生園分教室に勤めている青井先生にわたしを紹介する名刺を書いてくれた。「ともかく見学してくるのはいいだろう。しかし採用する、しないとは別だ」と釘をさして。わたしは強い自己嫌悪に駆られながら帰った。

すぐ青井先生にはがきを出し、つづいて電話した。何か別世界に電話するような不安感、違和感を持っていた。ところが電話の向こうの青井先生は「いま運動会の準備をしているところです」なぞといっている。わたしは何かほっとした。やはり人間の住むところだ、と思った。

はじめて全生園を訪ねたのは、園の正門の門衛所のそばの金木せいがさかりのころだった。甘ずっぱい匂いが流れていた。

十一万五千坪もある広大な園は、三メートルもあるひいらぎの植込みに囲まれただけであり、正門の向こうには松木立の中に木造二階建の桃色っぽい事務所がみえた。そういう園の印象は、わたしの思っていたのとは違ってひどく開放的にみえた。わたしは閉鎖された監獄のような場所を想像していたのだった。

門衛所でわたしを待っていてくれた青井先生は、四十を少し出た、二人の子の母である人だった。

園内はきれいで、患者の住む木造平家建の建物がたくさん並んで建っており、その一隅に、たっぷり面積をとった校庭をもつ校舎が一棟建っていた。小・中学校がいっしょになっているのだった。

白い予防衣を着たわたしは、青井先生に案内されて、放課後の教室を見てまわった。普通の教室の二分の一か三分の一ぐらいの教室が七つばかりあった。小学校の生徒はいなかったが、中学の方では運動会の道具を造っていた。ふりむいた女の子の顔は病気のため黒っぽく腫れ上がっていた。しかし補助教師だという男の若い人の顔は何でもなかった。わたしは何か宙を歩くような頼りない思いをしていたのだけれど、一方では思っていたほどではない、という安心も感じていた。

青井先生は、子どもたちの住む少年舎、少女舎の方にも案内してくれた。

少年舎の前の庭では、坊ちゃん刈りのかわいい男の子が遊んでいた。その顔は少しも侵されていなかった。

歩きながら青井先生にここに就職するようになったいきさつをきいた。青井先生は戦後、ここに派遣教師が配置されるようになったはじめから勤めている人で、もう七年近くになっていた。はじめのころは、よく雑誌や新聞の記者なぞがやってきて、なぜこういう所に勤めたのかとしつこく聞いたという。しかし青井先生は、「特別な動機や決心なぞはない。そのころからもう地方から出てきた上に年齢的にも就職がむずかしかったし、兄がキリスト教の方の関係から、らい療養所に勤めていたので、らいそのものに対してはそう恐れていなかった」という。しかし親戚が反対するので、一度は思い止まったが、ぜひと頼まれて、夫を連れてきてみてもらい、やっと決めた、という。それをきいてわたしはだいぶ気がらくになった。

しかし、帰途につく時、正門の前でバスを待っていたが、近くに匂っている金木せいにふれることさえ何かはばかられるような思いを捨て切ることもできなかった。

だが日数がたつにつれ、わたしの内部では、思っていたほどではなかった、という思いが強くなっていった。勤まりそうな気がしてきた。あそこへいけば、もう三か月ごとに学校を変わる必要はなくなる。生活が安定する。本も机も買える――それは強い魅力だった。

わたしは身近の友人や同僚にも相談してみた。ほとんどが行った方がいい、という。両親にも手紙を出した。すると母から返事がきた。諒承した、生活の安定が第一だから父も賛成している、という。さぞ反対するだろうと思って、だから反対させないように意気ごんで書いてやったわたしは何か拍子ぬけしてしまった。弟たちが反対したが、わたしの心をひるがえすことはできなかった。

それからわたしは何度かA氏宅を訪ねて頼んだ。そのたびに千円ほどのものを持っていった。いまはもう買収がいやだ、なぞとは言っておれなかった。ことにA氏の心証を害しているので、なお熱心に頼まざるを得なかった。

その間にわたしは東大病院の皮膚科の医者を紹介してもらって訪ねた。らいは伝染するか、ときくと、赤ん坊だったらともかく、おとなには伝染しない、医者は毎日らい菌をいじっている、それでも伝染しない、教えるぐらい何でもないでしょう、という。

六〇年三月のはじめ、全生園分教室の本校になっているK小学校の校長から呼び出しがあった。一歩実現化してきたな、とうれしかった。校長には、全生園分教室に就職の意志を改めて確められたので、ぜひお願いしたいと決意があるように答えてきた。

その後A氏を訪ねると、もう大丈夫だ、よくねばったな、という。わたしはそのほめことばを複雑な思いできいた。A氏はさらに、役所ではやはり腰かけにされては困るといってたが、それはしょうがない、といっておいたよ。という。今はA氏もそれを認めているふうだった。

そのように表面は熱心に頼みながら、しかしやはりわたしの中にはまだ多くのためらいがあった。よくらい患者に追いかけられる夢をみたりした。こんな神経で勤まるかな、と自ら危ぶんでもいた。

辞令はなかなか出なかった。外では安保反対の闘争（註3）が急速に盛り上がっていた。わたしはしばしば国会議事堂附近をうろついたり、たまにはデモに加わったりしながら、落ちつかない日を送っていた。経済的にも困って、友だちや家から借金したりしていた。

五月末、全生園にいってみた。青井先生もわたしが決まらないので、自分も動くことができず、あれこれを臆測しながらやきもきしていた。

授業中だったので教室に案内してもらった。六年生二人、五年生一人が社会の勉強をしていた。六年の男の子には見覚えがあった。「あんたのこと、覚えているわ」というと「はい、ぼくも覚えています」という。前年の秋、初めて全生園に来た時、少年舎の庭で遊んでいた子だ。

わたしは青井先生の細かい行動にも目をくばっていた。青井先生は話しながら子どもの鉛筆をにぎったり、手にふれたり、その指でちょっと自分の顔をかいたりしている。まったく普通の子に対すると同じ自然な動作だった。ああ、とわたしはひどく安心した。ほんとのところは、どこまで子どもたちと接触していいのか不安だったのだ。

帰り、医局によって、医者の馬場先生にらいの話をきいた。やはり伝染する心配はしなくていい、という。一九五八年の国際らい学会の決議では、らいは治療可能で、伝染度も非常に低く、今は普通の病気と同じものになったとうたわれたこと。今は医学的な問題よりもむしろ社会的な問題にかわりつつあること、なども教えられた。またこの療養所が開かれて約五十年経つが、その間、職員で発病したのは、医者と看護婦ひとりずつだけだ、しかし看護婦には一族に患者がおり、医者は自殺したが、台湾出身で、台湾はらいの多い所だ、という。「――でもぼくらもはじめのころはやはり時々自分の手足を眺めまわしたり、撫でまわしたりしたものですよ。心配なら光田氏反応をしてみますか」光田氏反応とは、らいのため生涯をつくされた光田健輔氏の発案によるもので、らい菌を皮下に注射し、陽性か陰性かをみるのだ。らい菌が体内にあれば陰性、なければ陽性の反応がでるという。陰性に出たら就職は考えた方がいい、というわけだ。その時は、反応をみるだけでも、らい菌を注射されたりするのはいやだった。

馬場先生は仏教を信じているところからこらい病院に勤めるようになったという。こういう所にいる人にふさわしいような包容力を感じさせる氏の存在は、わたしを安心させるとともに、何の信仰ももたぬわたしのような者には無理な仕事かもしれないな、と反省させられもした。

そのあと、考えの変わったわたしはまた全生園を訪ね、光田氏反応をしてもらおうとした。できるかぎりの予防措置はとった方がいいと思ったのだ。すると馬場先生は、いまは治療薬プロミンができたので、取り出すのが困難なほどらい菌は少なくなっている。それに陽性の場合はひどく反応がおこり、一生傷になることもある。たとえ伝染してもほんとに初期なら、三か月も治療すればなおる、だから今は恢復したかどうかをみる患者以外はほとんどする人がなくなった、という。そういわれると、しいて頼むわけにもいかなかった。

五月一日付で出るはずの辞令が六月にはいっても出ず、わたしは教育庁に催促にいったり、A氏を訪ねたりしてせっついた。二か月も無職だったので、ますます金に困り、精神的にも不安だった。ためらいつつも催促せねばならぬという窮地に追いこまれていた。

六月七日からやっと勤めるようになった。前の晩、寝つけなくて、フラフラしながら全生園に出かけた。

正式に辞令を手にしたのは、はじめに書いたとおり、六月一一日である。失業以来六年目でやっと浮かび上がれたのだ。

わたしが産休補助教員として再出発する時お世話になった師範時代の旧師は「鈴木さん、バイブルに『願いの切なるによってきかる』ということばがあるよ」と励ましてくれた。たしかにいいことばだと思う。わたしの切なる願いの一つはそのことばのとおりいちおうききとどけられた。しかし社会には、いくら願ってもきいてもらえぬ、あるいは願う意志など奪われてしまったようなたくさんの人々がいる。

そういう人々をわたしは葛飾区や足立区のバタヤ部落で、町裏の長屋で見てきた。自分もこの人たちのような所に落ちこまぬという保障は何もないのだ、というおそれを持ちながら――。

せめて生きる最低の保障だけは、国家が確実にしてほしい、と痛感する。その保障のないことが、それを個人個人で求めねばならぬことが、どのように人間の人間らしさや生き方を歪めてゆくか、わたしはいささか体験した、と思っている。

註1　一九五三年　全生園分教室として、小学部・中学部が設立された。
註2　（勤評闘争）アメリカの占領下、国の財政難による緊縮財政で、成績不良とみなされた公務員の給与減額等が特に教育界に強く行われ、また教育委員会を公選制から任命制に変え、給与決定を任命者の権限に委ねようとしたことに対する反対闘争。
註3　（安保闘争）日米安全保障条約改定反対の闘争。特に一九六〇年五月十九日の自民党強行採決以後、全国的規模で展開された、近代日本史上最大規模の大衆運動。六・一九条約協定自然承認。岸内閣総辞職。池田内閣成立。高度成長政策決定。この闘争では特に著名な知識人達も多数活躍した。

第一年度の記録

1　白い予防衣を着て教室へ

一九六〇年六月×日

きょうからいよいよ「国立療養所多磨全生園」の全生園分教室に勤めることになる。

辞令がなかなか出ない不安からは早く勤めたいと思うし、らい療養所ときくとやはり決心はしていてもためらいがあるし、——そんな気持の交互にいりまじる日を送っていたけれど、もう勤めるのだ。

白い予防衣を着て分教室へゆく。園の関係者や本校の校長たちといっしょ。

小さな教室で、前任の青井先生の転任式と、わたしの新任式が始まる。

五人の子どもたちの脇には、父兄や患者側の代表者が十数人並んでいる。

式がすむまで一時間もかかったろうか。子どもたちは緊張のしどおしだし、せまい教室内の空気はコチコチだった。

わたしは落ちつこうとし、固い空気をゆるめたいと思ったけれど、睡眠不足のせいもあって、特殊なところという気分からぬけ出せず、何だかすべて夢の中のできごとのようなたよりなさを感じていた。中学校の派遣教師の村山先生や講師の人たちにも紹介される。村山先生も今年からここへ来た先生だ。もう四月から来ているらしい。

六月×日

全生園分教室の子どもは全部で五人。

三年　杉村正夫
四年　山田さち子
五年　富井勝文
六年　大木友子、前野光男

正夫とさち子は、今年度から入園。正夫は母親が以前から入園しており、さち子は両親とともに来た。勝文は一年の時から、友子は四年の時からそれぞれひとりで来ており、光男は、母親と中学一年の姉の里子と、入学前から来ている。

成績からいえば、一番いいのは光男、友子と勝文は中位、正夫とさち子は下位、知能は低い方だ。外の学校では二人とも、おいていかれていた方だ。ことにふたりの学力はどこまで伸びるだろうか。

この四学年にわたる五人の子どもを教えるのは、わたしと常勤の講師（患者だが、学校のしごとを補助してくれる人）の川野、波多野さんの三人。それに非常勤の講師として、図工、音楽、家庭科の三人がいる。

なるべく複式をさけ、単式にして学力をつけるようにしよう、また、どの子にも接することができるように、との考えから学科担任制にした。おもにわたしは国語と社会、川野講師は理数科、波多野講師は算数と体操を受け持つことにした。

六月×日

きょうは引越しをするはずになっており、全生園から車が来てくれることになっていた。しかしどう考えても引越先があまり辺鄙で、さびしい所なので、ゆうべやっと断念し、園にも車を断わる電話をした。

学校へ出勤すると、勝文が「先生来なきゃよかったのに」という。引越しのため、あすは休む、といっておいたからだ。ひやりとする。勝文はそういう憎まれ口を軽く言う子なのだが、気持よくはない。五、六年の複式授業の時も、わたしのすきをうかがうようにしては、となり同士笑いあったり、ふざけた動作をしたりして、何かわたしへの反感を表わしているような気がする。

わたしの中にある彼らへの怖れや嫌悪感のようなものを敏感に感じとっているのかもしれない。休み時間、勝文が、今年の一月、男の入園者がおこした殺人事件のことを話し出した。痴情関係からの犯行らしかったけれど、らい患者の犯罪として、新聞によっては、社会面に大きくとりあげられた。

「新聞はうそ書いてる」と抗議する勝文。友子も光男も共鳴している。どういううそを書いているのか、と訊いたが、具体的には言えない。ただ、らい患者の犯罪として大きくとりあげられたことへの反発を、うそを書いている、ということばで表現しているのだと思われた。ますます、自分たちが世間から白い眼でみられる、と思うのだろう。

勝文はとくに自分たちの病気に対する他人の反応に敏感らしい。

六月×日

波多野講師が休んだので、複式で三年の正夫に社会を教えていた。五年の勝文には算数の問題をやらせ、六年の光男と友子には国語の意味を調べさせていた。

勝文は、算数の問題をしなさい、といった時から、口をとがらしていやそうな顔をしていた。勝文は算数が苦手な上に、自習することが嫌いなのだ。

正夫には、公園や保健所などが、みんなのためのもの、の話をしていた。正夫は公園も保健所もまったく知らない。すると勝文が、「ほらこの中にだって野球場んとこに恩賜公園ってあるだろう。この間とりしたじゃないか」と口を出す。何度も口を出されると授業が混乱してくる。うるさくなったわたしは「自分の仕事をしなさい。うるさいよ」と叱りつけた。すると勝文は仰山に驚いた顔をして目をぐるぐるまわし、光男と友子は、ヘェーという表情で、本を机にたてかけ、そのかげから顔を出したりひっこめたりして、あざけりのような表情をみせる。わたしは不快になり、また寂しくなる。

七月×日

子どもたちとの間の溝はなかなか埋まらぬ。それは健康者と病者との間の溝だ。どこの学校へいっても、子どもと親しむには一か月位かかったものだけれど、ここの子どもたちとの間のへだたりには、単に知らぬ間だったからというだけでなく、らい者とそうでない者との間のへだたりが加わっている。子どもと接触することにためらいを持っているわたしの態度に対して敏感に反応を示しているのだろう。彼らは授業を嫌い、しょっちゅう教室の柱時計をみる。とくに勝文がひどい。外で遊ぶ時は生き生きしている子が、教室のいすに腰を下ろした瞬間から呆けた、眠そうな表情になる。それをみるとついこっちもいやァな気になって、授業を投げ出したくなる。

きょうは六年の国語の時間「いなごの旅行」を読んだので、感想を書いてみるように、といったら、光男はすぐ書き出したが友子は感想なぞない、という。もしつまんないなら、どこがつまんないか考えてみよ、というと、ちえっ、と舌打ちする。かっとなったが、黙って友子を見ていた。しぶしぶ友子は何か書き出した。

こういうふうにしばしばわたしに示される彼らの反感、そういう溝を、どこまでわたしは埋められるだろうか。どこまで彼らの内部に入ってゆけるだろうか。

なぜらい園に来たか、と問われれば、わたしは「生活のために」と言う。わたしが教員として採用される道はここしかなかったのだ。わたしはまず自らを救わねばならなかったのだ。美談や悲劇の主人公にされるのはごめんだと思っている。しかしそれだけではだめかもしれない。何か献身に似たような気持がなくては勤まらないのかもしれない。わたしがここへ来たのは、まちがっていたのかもしれないと思う。

2　無力感とさびしさと

七月×日

暑くなった。きょうから短縮授業。三、四校時目、小中合同で職員会を開く。派遣教師、補助講師（患者の中から手伝ってもらっている人たち）を合わせて、八名ばかりの会合だ。

議題は、学校予算と、中学の講師補充の二件である。

村山先生やわたしは、派遣されてきたばかりで、詳しいことを知らなかったが、前からいる川野講師や、中学の竜講師の話をきくと学校予算は次のような内容になっている。

学校予算として正式に厚生省から示達されているのは、児童教材費ひとり年当たり三千五百円だけである。それ以外は、園が庁費補助という形で援助している。だから園当局の裁量一つで加減できる。つまり施設は厚生省、教育は文部省、という二重構造になっている。

三年ほど前から、園当局と全生会（患者の自治組織）、分教室の三者が、入所児童の教育を推進するために、話し合いをする機会を持ちたい、という分教室の意向が入れられて「三者懇談会」というものが開かれるようになった。しかしそれもはじめの一、二回はよかったが、現在は消えかかっている。その原因の一つは、司会役の分館（直接患者に接して諸事務を取り扱うところ）が消極的になっていることにある。

入所児童の教育の最高責任者であることを自認している園当局が、こちらが頼まないと積極的にならないのは、主客転倒ではないか。

竜講師や川野講師はそう結論づける。

今年度六〇年度の予算として分館から示されたのは、児童教材費ひとり年当たり三千五百円分と庁費補助五万円（小中折半）だけである。小学校分としては、四万二千円ばかりになる。

このほかに、全生会からの補助として図書費三千円と藤楓協会（救癩財団法人）から若干の補助があるだけである。これだけではとてもやってゆけない。

小学校の場合、図書をみても、満足な本は玉川子ども百科事典が十五、六冊あるだけで、あとは子どもたちが読み古したものを持ちよったり、寄贈本が（それも古めかしいものばかり）二、三十冊あるだけである。

事務の仕事もやってくれている川野さんは、分館に三者懇談会開催を申し入れたが、分館長のO氏が応じないという。毎年あんなものを開いたってムダだ、予算は決まっている、それでやってくれ、との一点ばりだという。しぶるのは、開けば、自分たちがやりこめられるからだろう、と川野さんはいう。

わたしは前任の青井先生の話を思い出した。青井先生は、派遣教師第一号としてここへ来た人だ。分館とのいろいろな交渉が主な原因で、ノイローゼになり、三か月ほど休んだ、といっていた。子どもたちの数は少なくて楽なようだが、そのかわり園当局との煩らわしい問題があるようだ。

中学は、また講師の数が足りぬ。何しろ一年間同じメンバーで勤めあげた例がないくらいらしい。どんどん退めてゆくらしい。そしてその補充は年々困難になっているという。退園者が多いことや、作業賃の低さ（講師は一か月千円）が原因としていわれている。

ともかく会議を開いてもらうよう、村山先生とわたしが頼みにゆくことになった。

おひるすぎ、村山先生と分館に出かけた。

O氏に、三者懇談会を開くようにしてくれ、と頼むとやはり「そんなもの毎年開いたってしょうがないですよ。もう予算の額も決まっているんだし、よけいな会合を開いて時間つぶしをする必要はないですよ。それにいつだって話がまとまったことはないですからね」という。一年に一度ぐらいの会合で話がまとまるはずがない、まとまるまで何べんでも開いてくれ、といいたいところである。

「わたしたちは派遣されてきたばかりで、詳しい事情がわからない。こういう機会にぜひ園側の考えも知りたい。それにあればっかりの予算では学校運営はできない。今までも会議は開いていたそうだから、今年もぜひ開いてくれ」とわたしたちはくり返した。

O氏はしぶっていたが、じゃともかく本館へ連絡してみましょう、といった。

七月×日

子どもたちは授業中よくあくびをする。しかもわたしをみながらえんりょなく大きな口をあける。わたしは不快になる。自分の授業がヘタなのだな、と思いつつも子どもたちに注意する。目立たぬようにせよ、と。すると友子がいう。「わたしたちはらい病だから、暑くなるとカッたるいんです」と。「わたしたちはらい病だから――」という時の友子の表情をわたしは注視する。そこには自嘲的なものと、あてつけ的なものがまじっているように思う。

今日の六校時は五年の社会。わたしは勝文に、世界主要国の指導者の話をしていた。中国に話がいき、指導者を知っているか、ときくと知らないというので、「毛沢東というのよ。覚えておきなさい。毛沢東っていう人はね――」と話し出そうとすると、勝文は「毛沢東かァ、モウタクサンだァ」といって大きなあくびをした。わたしはぐっとつまって黙り込んだ。出鼻をくじかれた思いである。たかぶった感情をおさえてわたしは言った。

「もう授業するのがいやになった。やめましょう」そういって本を閉じた。すると勝文はあわてて「先生、そんなこと言わないでくださいよ。ぼくちゃんとやりますよ」という。するとわたしの心はいちどきに解けてしまう。

何のことはない、勝文にあやつられているようだ。

あとで考える。

毛沢東を、あんなとっさの間に、モウタクサンとシャれる才能はたいしたものだ。けれどあるいはそれは才能などというものではなくて、おそらくあの場の実感からとび出たことばではないかとも思う。一対一でよそみもできずに学ばねばならないのだ。先生の圧力を一身にうけているのだ。それが自分にも興味のある話ならいいだろうが、そうでなかったら教師が熱心になるほど、モウタクサン、と思うだろう——そう思いつつも自分の無力と、子どもたちすべてにそむかれているようなさびしさとを感じる。

七月×日

家庭科実習で、子どもたちはみつ豆をつくった。町の店で食べるみつ豆が頭にあったわたしは、どんぶり一杯ずつも食べるのだときいてびっくりする。

困ったのは、いったいわたしはいっしょに食べるべきかどうかということだ。いっしょに食べられればどんなにいいだろう。いっしょに物を食べることは、親密さを増すことだ。しかしわたしにはその勇気はない。いや勇気の問題ではないだろう、これは医者に訊いてみるべきだ——そんなことを考えながら、川野さんや波多野さんと話し合いをしていた。

となりの教室では、石田講師の指導でワイワイいいながら、子どもたちが作っている。

やがて「先生、できましたけど、食べますか」と勝文がききに来た。

「わたしはね、外でいくらでも食べられるから、あなたたちだけでたくさん食べなさい」わたしの返事は弁解じみていた。すると川野講師が、「お、よかったな。鈴木先生の分まで食べられるぞ」という。両方への助け舟だ。けれど勝文だってわたしの本心は見ぬいているにちがいない。

やがて、わたしひとりが残り、子どもたちや講師の先生たちが、いっしょになってにぎやかに食べつつ談笑しているのがきこえてくる。わたしはある孤立感をおぼえていた。そしてよく子どもたちに劣等感を持つな、といっている自分のことばのそらぞらしさを感じていた。たといらいでなくとも、伝染性の病人とは飲食しないのは当然だ。それは決して患者の人間全体を忌避しているのではない、病気である部分に対してだけ用心するのだ。それは一種の正当防衛であり、何ら非難されるものではない、とも思う。けれどそれが子どもたちにそのまま通じるだろうか。三年、四年の子はまだ自分の病気を意識していない。しかし五、六年の子どもたちはあきらかに劣等感をもっている。あの子どもたちにわたしの考えが理解されるだろうか。劣等感をもつな、というわたしが、逆に劣等感を助長しているのではないか。

彼らの人間としての誇りを傷つけずに、患者としての部分に対するには、どうすればよいか、これはそう簡単ではない。

3　たよりない先生

九月×日

やっと三者懇談会が開かれた。場所は分館前の面会所。出席者は、園側は、園長、事務部長、分館長。全生会から五名。小中学校から四名、合計十二、三名の会合になった。

全生会の文化部長が司会をする。

はじめは学校予算について。

川野さんは、いつも金がない、金がないといって予算を出さず、会議を開こうとしない園当局を追求する。学校をどう考えているのか、学校がある以上できるだけの配慮をすべきではないか。金がないですむか、あまりに無責任すぎる、誠意がない、という。

補助講師の件については、中学は四人定員になっているが、二名しかいない。若い、先生をやれそうな人は、退園準備で学校になぞ目もくれぬ。それに、「先生」と呼ばれる身になると、日常生活の面でもいろいろと制約をうける。言行を慎しまねばならなくなってくる。そういう点でも、先生になり手が少なくなっている。講師だけ別に同じ部屋においてもらうようにすれば、同室の相手への気がねもなく勉強できる。中学ともなると予習せずには教えられないし、夜学校へ来て勉強するような状態になっている。へやのことも考慮してほしい。

また以前は医者や職員が学校に来て教えていた。そういうことも考えてもらわないと、全生会だけで講師を捜すことは非常に困難になってきている。――そんな実情が話された。

すると分館長が、中学の事情はわかるが、山の中の分教場あたりでは、ひとりの先生でもけっこうやっている、などといったものだから、集中攻撃をうけた。

自分の子どもがかりにこういう所におかれたとしたら、親としてどう思うか。普通の子より以上によくしてもらいたいと思うのが親の情ではないのか。なぜ低い水準に合わせて考えるのか。おかしいではないか——川野先生や全生会の人たちから口々に攻撃されて、分館長はちょっと立往生の形だ。少しばかり分館長が気のどくなほどだ。これだから懇談会など開きたくないのだろうと思った。

けれど、講師の件については、小学校だって、理科、図工、音楽、家庭などは専科制になっているし、特殊な技術や才能を要するものはそうしなければ、教育基本法のいう個性の伸長はのぞめない。だから小学校もいまはいちおう間に合っているが、必要になった場合は大いに協力してもらわないと困る、と言っておいた。

補助講師はもう一度全生会が捜すことになり、予算は園当局が考慮する、ということになったが、どこまで学校側の要求が通るか、考慮する、ということばはあいまいだ。

九月×日

体中が青く染まりそうな秋日和。午後、子どもたち五人と園内を散歩する。十一万五千坪もある園内は広く、家並の南側は、広々とした畑になっている。

三メートルもあるひいらぎの垣根にそって歩く。

「正夫君、今の季節は何というの?」ときく。

「うーんとね」分らないのだ。まず季節ということばが分らないのだろう。

「春、夏、秋、冬のうちどれ?」

「うーんとね、春?」

「そうかな。さっちゃんは？」

「秋かな？」

ふたりともよく分っていないのだ。

「そんなこと、分んないのかァ、秋にきまってら」勝文や光男はとくいげにいう。分ってしまえば何でもないことだ。けれど、なぜいまを秋と呼ぶか、ということの中には、人間の長い歴史がある。その人間の文化遺産を伝える役目をわたしはもっているわけだけれども、もし子どもたちに、「なぜ今を秋というの？」と訊かれたら答えることはできない。まったくたよりない先生だな、と思う。昼、夜、といったことばにしてもそうだ。わたしは子どもたちと、秋の現象について語り合うだけだ。木の葉がもみじし、菊が咲き、米や木の実が実り、虫が鳴く、それが秋なのだ、と。

右手の畑の中に古い井戸があった。勝文が「先生、あの井戸にはいって死んだ人がいるってよ」という。らい園の暗い歴史を知っているのか、とちょっと黙ると、「ね、借金が返せなくて自殺したんだとさ」という。

垣根にそって歩いてゆくと、鉄製の低い裏門のところに来た。かんぬきがはずされてあって、門が少し開いている。すると勝文は走りよって、

「しょうがねえなァ、また出ていったな。うつしちゃうじゃないか」とひとりごとをいいながら門をしめ出した。その勝文のひとり言にわたしは打たれた。ほおえましさといじらしさとを感じた。光男も門をしめるのを手伝った。しかししめ終わると勝文はその門の上によじ上り、むこうがわへ飛びおりた。

光男もまねする。門の外は細い道で、そのむこうは雑木林続きだ。

「ぼくちょっと、町へ行ってきます」ふざけながら勝文は道の方へ歩き出す。ほっておいて歩き出すと、ふたりはまた門をよじ上って、あとからついてきた。

友子がいい出す。

「先生、結婚したことないの?」

「うん。残念でした」

「年をとったらどうする?」と光男。

「子どもを養子にもらえばいいよ」と勝文。現世の身すぎ、世すぎの方法を教えてくれるわけだ。

「うん、どうしようかな」わたしはにやにやしているほかない。

野球場のそばに芝生のある恩賜公園と称する空地がある。松の木がほどよく立っているので、陣とりをして遊んで帰る。

十月×日

午後から運動会の練習が始まっている。石田講師が盲腸を手術して入室している、というので、お見舞にいくことにする。

練習が終わった三時ごろ、子どもたちを集めて、石田先生の所にお見舞にいったか、と訊くとだれもいっていないという。その返事からは自分の教わっている先生の病気に対する関心はうかがえない。この子たちは薄情なのだろうか、それともまわりが皆病人なので、無感動になっているのだろうか。

「じゃこれからみなでお見舞にいきましょう」というと、みな喜ぶ。この子たちは、病人を見舞うということを知らなかった、あるいは気づかなかったのかと思う。中でも勝文は一ばんよく反応を示す。さっそく学級園にいって菊を折ってきた。途中の舎にも寄ってまたたく間に色とりどりの菊を集めてきた。お見舞用なのだ。

「えへん。ぼく、ここじゃ顔がきくんですよ」と得意だ。その勝文の喜びようから、わたしは、「ぼくたちの仲間を見舞ってくれてありがとう」とお礼をいわれているような気がする。

光男は、わたしがもっているお見舞の卵を入れた箱をみながら
「先生、何入ってんの。何個入ってんの。いくらしたの」とさかんにきく。この子はすぐ値段をききたがる。

石田講師のベッドのそばにいって見舞品をさし出しながら「くだものと思ったけれど、あいにく売店になかったので」というと勝文が「すぐあんなことをいうんだからな、すぐあんなこというんだからな」とわたしを非難するような調子でいう。患者たちの売店を悪くいわれた、とカン違いしたらしい。帰り、わたしは勝文に説明した。職員たちの売店から買ってきたのだ、と。勝文は「なんだ、そうかァ」といっている。

石田講師の入室している病棟をきいた時、川野さんは「先生、行かなくともいいよ。びっくりするよ。病気のひどい人もいるからね」といった。そういわれるとわたしも少しひるんだけれど、行ってみると

そんなおどろきはなかった。行ってよかった、と思ってる。

十月×日

朝、正門からの松木立の通りを歩いてくると、光男と勝文がむこうの方から自転車にのってやってくるのがみえた。

「先生、おそいね。もう五度目だよ」と勝文がいう。わたしを迎えに来てくれたのだ。

「迎えに来てくれたのね。どうもありがとう」ほんとにありがたい、と思う。何だかこんな光栄に浴する資格はなさそうに思う。

石田講師をお見舞にいったことから、急に子どもたちと親しくなれたような気がする。

十月×日

帰り、わたしの姿をみかけると、校庭で遊んでいた勝文たちや中学生たちが「先生、さようなら、さようなら」という。「さようなら」とわたしも手をあげてこたえるが、そんな時、あるうしろめたさと、優越感のようなものとを同時に感じる。彼らはともかく垣根の外に出るには許可がいるのだ、わたしは自由だ。うしろめたさはともかく、こんな小さなことにまで優越感めいたものを感じる自分にあきれる思いだ。

十月×日

六年の友子がへんとう腺で熱を出して休んだ。休み時間、百合舎へ行ってみた。わたしが舎にいったのははじめてだ。

午前中の舎は、人気もなく静かだ。北よりの八畳間に友子はひとり寝ている。目を開けていた。ガラス窓はきれいに磨かれ、赤茶けた畳にはごみもなく、粗末な小さい机のまわりもきちんとしている。それらがよけいにある寒々しさを感じさせる。寒くないか、ときくと寒い、という。そこでえんりょするのを押し切って押入れをあけ、薄い、色褪せた木綿の敷ぶとんをひっぱり出してかけてやる。一番下の毛布をひっぱりあげ、肩のあたりを押えてやる。友子は目を窓の外にやっている。その目にきらきら光っているものがある。わたしはハッとする。こんなことぐらいで——と思いつつも、友子に必要なものが何かを知らされて心が痛む。

親と離れてひとり療養に来ている友子は感情的におとななのだ。

築山にのぼって、ひとり星空をながめ、故郷を思う、というような詩をつくったり、国語に出てきた芭蕉、一茶、蕪村のうちでは、芭蕉が好きだという。さびしい感じがするからだそうだ。そういう感傷的な半面、気の強さもある。他人の中での生活で、自分を守ろうとするがんばりがある。

十月×日

秋の社会科見学のことで、小中合同で話し合った結果をもって、村山先生と分館にゆく。学校側としては、上野公園にゆき、博物館や動物園を見せたいのだ。ところが今までは、人混みの中に出たことはほとんどなく、いつも東京からはなれた場所に行っていたらしい。

Ｏ氏にそれとなく学校側の意向を話すと、都内ではバスは止められない、コースも厚生省に届けるのだ、という。上野公園あたりで、もし厚生省の役人にでもみつかれば問題化することをおそれているのだ。学校側としては、できるだけ子どもを外の社会にふれさせたいのだ。こんな閉ざされたところで生活している子どもたちだけになおそう思う。それにらいは伝染性があるといっても、きわめて低く、治療退園可能、という医学的な根拠のある現在であってみれば、ちょっとそこらの建物に入って見てくるくらい、何の実害もない、と考えるのだ。けれどＯ氏は難色を示している。本館の方と話し合ってみる、という。わたしたちは、とにかく都内をめぐるコースだけを書いた案を出して帰ってきた。

十月×日

秋晴れの一日。放課後、友子、光男と教室の窓辺でおしゃべりしていた。

「先生、女ってこわいね。とっても執念深いんだ。大木さん、こわいよ。とっても執念深いんだ」と光男がいい出す。

「執念深いってどういうこと？」

「何かいうとね、いつまでも覚えてるよ。こわいんだ」

そういわれた友子は別に怒りもせずに、わたしにいう。

「先生、女はくよくよしていやね。男はさっぱりしていていいな」

「そうね、もう少しさっぱりしたいわね」

そんな会話を交しながら、わたしは友子との間に、年齢や教養の差をこえて、女同士として通じあうもののあるのを感じていた。あるやりきれなさとともに——。

ある種の執念、それはとくに弱い女にあっては生きる手段であった。そして今もある。あった、という過去のものにはなっていないのを自分の中にも感じるのだ。

十一月×日

本校の校長が見えた。ちょうど図書整理をしている午後だった。

校長は教室に入ってくると、

「ほう、図書整理か、みんなよくやってるね」という。すると勝文は「ウン、ウン」と咳ばらいする。光男がそれをまねしてまた咳ばらいをする。わたしはハラハラしてしまった。

やがて校長が教室を出てゆくとき、三人は口々に「また来てください」といった。そこまではよい、しかし校長が廊下へ出てしまうと勝文は何かいった。それはひやかしのようなひびきをもっていた。

校長を送り帰してからわたしは、まったく失望して、どうしてあんな態度をとるのか、いかにもすれっからしの不良少年みたいではないか、といった。すると勝文は、恥ずかしかったからだ、という。そんならもっと別な表現がありそうなものだ。あんな咳ばらいなぞするのは失礼だ、というとさすがに悪そうな表情をした。校長が出たあと何といったのか、ときくと、勝文は「あと来なくともいいよ」といったのだという。「聞こえたらどうします。冗談のつもりかもしれないけれど、たまに来た人はそうはとりませんよ。呆れてしまってほんとにもう来ないかもしれませんよ。それでもいいですか」「いやです」口をそろえていう。

きょうの失敗は子どもたちにもよくわかったようだった。しかし子どもたちを叱るわたしの心中には、彼らの失礼を純粋に悲しむ気持とともに、そんなしつけをしている自分が、校長に悪く思われはしないか、という利己的な、あるいは官吏的な小心さもあったことはたしかだ。

4 みんなの前を堂々と歩け

十一月×日

小中合同で社会科見学。病院の大型バスに乗って出かける。子どもたちや講師たち全部を合わせると、二十人ばかりになる。分館のKさん、看護婦のMさんも同乗している。

行先は都内をめぐって上野公園。本館も難色を示したけれど、学校側の要求が通った形である。

上野公園で昼食をし、国立博物館に入る。講師たちはえんりょして各自自由行動をとることにした。子どもたちが興味を示したのは、刀剣類の陳列してあるところだ。勝文は「あの刀、何人ぐらい人を斬ったかな」という。わたしなぞにとっては、それはもう過去の美術品の一種としてしか映らないのだけれど、男の子にとっては現在性をもつ武器と映っているようだ。（事実彼らは、翌日、校庭や築山の上で、友子まではいって、五人で棒をふりまわしてチャンバラごっこをしていた）

動物園に入る。四年のさち子は夢中になってわたしをあちこちにひっぱる。なかでも象はよほどおもしろいらしく、しばらく動かない。そしてふとわたしをふり仰ぐと「先生、象の目はなぜあんなに小さいの」ときく。わたしは答につまった。そばにいたおかみさんふうの人がクスクス笑っている。

「先生知らないや、象にきいてごらん」そんな答にならない答をしながら、わたしも今さらのように、大きな象の小さな目を、なるほどと感じた。象のような細い目、とはよくいったものだ、などと感心している。

水上公園の方にいって喫茶店に入る。子どもたちにソフトクリームをおごる。正夫ははじめてだという。鼻の頭にクリームをくっつけながら一心にかじりついている。食べ終わるともっと食べたい、という。さち子は便所にいったけれど、水洗なのでこわがっている。博物館では、わたしが流してやったけれど、こんどは友子がついていった。

十一月×日

川野講師が目を悪くして三か月ばかり休むことになったので、六年の理科はわたしが持つことにした。

理科はわたしは苦手だ。女学校の時も、理科の教師が出征したり、女の先生が病気で長期欠勤したりしていて不十分だったし、二年の師範在学中も、戦時中のこととて、団体訓練みたいなものに時間をつぶされたりして、いまの六年程度の知識も実際は学んでいないのだ。

川野さんが休んでからは、だから一心に教師用を予習せねばならなくなった。わかればけっこうおもしろくもある。自然の理というもののふしぎさに打たれもする。

きょうはとくに苦手な電気関係の、モーター作りの実験なのだ。きのう、ひとりで予習した時は、止りながらもともかく回ったのに、本番のきょうになったら、回らないのだ。いくら指導書をあわてて読んでも、どこが故障なのかわからない。わたしの脇の下が汗ばんでくる。

見ていた友子が「川野先生がいると故障がわかるのにね。鈴木先生まだよくわかんないんでしょ」とやや同情的にいう。同情されてはたまったものではない。恥ずかしいやらくやしいやらでわたしは返答ができない。やれやれ先生の資格ゼロだな、と苦い気持になる。

十一月×日

土曜日。四校時の自治会のとき「あいさつをしっかりしましょう」という週間目標が出された。勝文が提案者で、提案理由を説明した。それによると、朝晩あいさつをお互いに忘れている人があるから、しっかりしましょうというのだ。わたしも「朝など、お早ようといい合うと気持がいいですね」といった。すると友子が

「何か考えごとをしていて、忘れる時だってあります」と明らかに怒った表情でつんつんいう。それ以後は「知りません」とか「できません」とかとつっけんどんな返事ばかりしている。

自治会が終わったあと、ひとり残っている友子に
「なぜあんなに怒っていたの。あんた、自分がいわれた、と思ったんじゃないの」というと「そうかもしれない」という。そうなのだ。

「あんただけの問題じゃないでしょ。みんなの問題として出したんじゃないの」といった。

それからわたしは少し友子と話した。友子は日記をつけているという。それを見せられないか、ときくと、いやだ、という。ほんとうに苦しいことや悲しいことは日記に書く。作文になんか書かない、という。自分ひとりで解決できるのか、ときくと、ひとりで解決する、誰にも相談なんかしない、という。友子は人を信じていないようだ。舎の生活でもおもしろくないことがあるらしい。けれどもいわないえば自分の身にはね返ってくることを恐れている。日記に苦しみが十分ぶちまけられるならそれでもいいかもしれない。しかし友子は表現能力が十分とはいえない。心の底に澱んでいるものは、晴れることがないのかもしれない。それがどういうふうに友子を形成してゆくのかと思うとこわい気もする。

帰りしな友子は
「あーあ、どこへ行ってもつまんないなァ」と吐き出すようにいう。そのやけ気味なことばのひびきがわたしの胸にずしんとおちこむ。何といっていいかわかんない。

「そんなこといわないのよ。わたしも悲しくなっちゃう」わたしは友子の肩に手をおいてそんなことを

いうよりなかった。

十二月×日

将来何になりたいか、という作文を書かせた。

勝文は、医者になりたい、そしてらい病をなおす研究をする、という。しかし勝文の希望は少しあやふやだ。なれるかどうか疑問をもっている。

光男は、カメラマンか天文学者か小説家だという。作文が一ばん嫌いだ、といっていたけれど、表現能力はあるので、ほめているうちに、小説家志望を思いたつようになったらしい。光男には、なりたいものがたくさんあって、何になったらいいかという迷いはあっても、なれるかどうかという自分への不安はない。自信をもっている。

困ったのは友子だ。何になったらいいか、なんてわかんない、なりたいものなんかない、という。書けない、書けない、といいつつとうとう一時間を過ごしてしまった。こんなことをいう子ははじめてだ。たいていの子は喜んで書く。友子はほんとうに将来のことなぞ考えられないのだろうか。退園も可能なのだし、将来への夢をもてるのは、子どものみの特権ではないか。それを自ら放棄しているというのは、どういうことなのだろうか。すねているのでもなさそうだ。友子の内部はそれほど暗いのだろうか。書けない、といわれるとわたしもいっしょに壁につき当たってしまう。なぜ書けないのか、どう友子の心を見ていけばいいのかわからなくなってしまう。あしたまでに書いてきます、といっていたけれど。

十二月×日

朝、勝文はわたしをみるなり

「先生、ぼく医者になるのはやめたよ。中学生にいったらね、医者なんて金はかかるし、うんと頭がよくなくちゃだめなんだってさ。ぼくやっぱりうちのおとうさんみたいなサラリーマンでいいよ」という。

「うわァ、がっかりさせるわね。ずいぶんかんたんにあきらめるのね」わたしは嘆いた。

友子も将来の希望を書いて来た。小説家になりたい、という。だが、小説家になって何を書くのか、というと、今の政治は悪いから、よくするために書くのだ、という。わたしはちょっとギョッとした。これはずいぶん飛躍している。いくら安保闘争の激しかった年だからといって、あまりにも政治と文学を直結しすぎている。友子にはもっと前に書くべきことがあるはずだ——。わたしは友子と話し合った。まず、どんな時に書きたい、と思うか、ときくと、苦しい時、悲しい時が多い、という。いま一ばん苦しいこと、困っていることは何か、ときくと、病気であること、そのためにここにいなければならないことだ、という。なぜ病気は困るのか、いま友子には病気のための肉体的苦痛はほとんどないはずだ。とすれば問題は、らいという病気が友子の精神にどんな影を落としているか、ということにあるだろう。心の病気がむしろ問題ではないか。心の病気の大きなものは何だろうか、それはまず劣等感だ。するといま友子にとって重要な問題の一つは劣等感というものではないか。まずそういうふうに自分にとって一ばん切実な問題を表現してゆくこと、それが小説を書くということにつながるのでなければならない

——そんなふうに話し合っていった。友子は、じゃ今度は「劣等感」という題で書いてみる、といった。

十二月×日

友子が次のような作文を書いてきた。

わたしの劣等感

劣等感は、およその人はもっている。わたしは、らいという病気になってから、自然にもつようになった。

みんなはしらないかもしれないが、東京都北多摩郡にらいの療養所がある。昔は「らいは治らないもの」といわれ、また表面に出るので皆にきらわれていた。だがわたしもそのひとりだ。病院には時々参観人がくる。するとまわりの人が隠れる。それでわたしも自然に隠れるようになった。

この前道徳の時間に、参観人についての問題が出た。その時わたしはこう答えた。

「自分がなりたくてなったのではないから、参観人が来て、その中にじろじろ見る人がいると、いやな気持です」と。

先生は、参観人の多くは、医者になる人や看護婦になる人たちだから、見てもらうことも必要です。中にじろじろみる人がいても、みんなの前を堂々と歩きなさい。そしてらいは治る、ということを、世の中の人に知らせるようにすることが大切です、とおっしゃった。わたしは「あっ」と思った。そしてこれからは劣等感をなくしていきたいと思った。

中学三年の杉ちゃんは、らいに対しては全然劣等感はもっていないようだ。とても明るくさっぱりしている。だが杉ちゃんは朝鮮人なので、そのことに劣等感をもっているらしい。しかしわたしは、日本人であろうが朝鮮人であろうが、みんな同じ人間だと思っている。これも一つの劣等感だが、こんな劣等感も、持たなくてよいものだ、と思う。

友子はせいいっぱい書いてきたのだ。だが「みんなの前を堂々と歩け」といった自分のことばを、友子に書かれてみると、ムリ言っているな、と少しはずかしくなる。

十二月×日

午後、本校の職員会に出る。終わってから職場会があった。組合の新入会員であるわたしは、あいさつせよといわれたので、次のようなことをいった。

「わたしは、十一月三十日組合に入れていただきました。実はもっと早く入ろう、いや入らねばならぬ、と思っていたのですが、それとともにいくつかのためらいも感じていました。

一つは、いまわたしは助教論なので、教諭に昇格しなければならない。その昇格に組合員であることが障害になりはしないか、ということです。そんなことが、と思われるかもしれませんが、いわゆる逆コースが強まりつつある現状を思うとわたしはつい臆病になります。

また、組合に入ったら、動員や何かで、自分の時間がつぶされはしないか、ということです。安保反対闘争の時なぞ、頼まれもしないのにしょっちゅう国会の附近をうろついていたのに（もっとも辞令が出ずに、ブラブラしていた時期だったということもありますが）、指令で動かされるかと思うと、とたんにイヤになる、そういうわたしのあまのじゃくや利己主義もあります。

それからまた、百円でも二百円でも、組合費なんかとられない方がいい、という打算もあります。いままで引かれていないからでもありましょうが――。

こんなに臆病で利己的で打算的なわたしがなぜ組合にはいるのか。

その前に、労働組合とはいったい何なのか、改めて考える必要があると思って、てっとり早いところで、まず岩波の広辞苑を開いてみました。次のような解釈が出ていました。

『労働者が、労働条件の維持、改善及び社会的地位の確立を図るために組織する大衆団体。労働運動の組織的基礎となる。云々』とあります。では労働運動とは何か。広辞苑は次のようにいっています。

『労働者がプロレタリアとしての階級的意識に立って団結することによって、ブルジョアジーの圧迫から、自己の経済的、社会的な地位の安定、向上を確保する運動。直接には労働条件の維持、改善を目的とするが、究極的には、資本主義的賃金制度そのものの否定を含む。運動の基礎は、労働組合、労働者政党などの組織におかれ、国際革命連動の基軸となる』と。

これをわたし流にかんたんにいえば、心身ともに、より人間らしく生きる条件をかちとるための運動であり、そのための組織である、ということになります。もしわたしがより人間らしく生きたいと願うならば、そして今の社会がその願いを根本的には否定していると思うならば、やはり組合にはいり、団結してたたかいとるほかに道はないのだ、そう思ったのです。まことにかんたんな、しかも難かしい結論ですが、いまわたしたちがともかく持っているといわれる基本的人権、それらのすべては長い歴史の中で、多くの犠牲を払いながら、かちとってきたものであると改めて自分に言いきかせたのです。

こんなだれでも知っている公式的なことを今さら言あげするのは、そういう大義名分をたてることによって、臆病な自分を励まし、いわば背水の陣を敷いたつもりなのです。

なぜこんなにわたしが臆病なのかといいますと、ご存じの人も多いと思いますが、わたしは今年の三月まで約三年あまりの間、産休補助教員として、経済的にも精神的にもひどく不安定な生活をしてきたのです。そして今年の五月からやっといちおう生活が安定したわけです。以前は組合にも入りたいと思い、脱退する人なぞみると、ずいぶんもったいないことをするな、と思ってきました。しかし生活が保障されると、こんどこそさっそく組合にはいり、それこそ先頭にたって働くべきなのに、逆にしりごみする気持がおきるのです。前の不安定な生活の辛さが身にしみているので、またああいうところにつきおとされるのは怖いと思うからです。

以上のようなわたしなので、あまりよい組合員にはなれないかもしれません。文字通り皆さんのご指導、ご鞭達をお願いしたいと思います――」

だいぶ長々と、気ばったいい方をしたような気もするけれど、わりときいていてくれたようにも思う。

十二月×日

あしたから冬休み。お昼ごろ、勝文の実母と兄が、学校へ寄った。予定より二日ばかり早く連れに来てくれたらしい。

わたしが母親と話し合っている間中、勝文はいかにもうれしそうな甘ったれた表情で、そこら中飛び歩いている。ひとりでに足が上がってしまうらしい。

5　指導能力とユーモアと

一九六一年一月×日

冬休みの一日、全生園分教室に就職できたおかげで、わたしの生活水準はだいぶ上がった。

夏期手当では、念願の一つであった大きな、ひき出しのたくさんついた机と、廻転いすを買った。

年末手当では、これも念願の一つであったフランスベッドを買った。それで四畳半のへやはいっぱいになってしまったけれど、廻転いす（特売の時買ったせいか、少し廻転がよくないが）に腰をおろし、大きな机にむかうと、ひとかどの作家か学者にでもなったように虚栄心の満足があるし、実際に勉強の能率も上がるような気がする。ベッドは弾力性があって暖かく、寝心地もいいし、いちいちたたんだり、敷いたりする手間がかからなくて、なまけもののわたしにはもってこいだ。

半年ほど前までは、押入れもない三畳間にいたことを思えば、カクセイの感があるほどだ。

冬休みに入ってからは、ともかく机にむかって、夜中の一時、二時まで何か書いたり、読んだりしているし、疲れれば、そばのベッドにごろりと横になる——そういう生活をわたしは楽しんでいる。するど、この寒空に、集会やデモに出かけてゆくよりは、ベッドにひっくり返って、小説でも読んでいた方がいい、というような思いがひらめいてくる。自らのつくった巣に閉じこもろうとする自分を感じる。そしてこの住み心地のよくなった巣を、天災や人災でこわされたくない、という気持がおきてくる。わたしのような一種の成り上がり者——まことにささやかな成り上がり方だが——ほど手に入れたものに執着するのかな、とも思うが、ハハン、これが小市民根性というやつなんだな、とそのすみやかな意識の変化におどろく。いまやわたしは失うべきものを持つにいたった、プロレタリアではなくなった、と思う。

しかし一方では、自分がこんな快適な生活をするにつけても、いなかの肉親たちの生活や、一千万といわれる貧困層の人たちのいることを思うとき、あるうしろめたさを覚えずにはいられない。こんな物質に拘束されてはいけない。こんなもの、いつでも投げうつ心構えも必要なんだ、といいきかせる。

生活を楽しむ、ということは決してそれ自身悪ではない。むしろ物質的生活の豊かさというものは、人間らしい生活の基本的条件の一つだと思う。けれど、現状では、生活を楽しもうとすれば、社会や政治に背をむけるようなことが多くなり、それができぬかぎり、心から生活を楽しむ、ということはできぬのではないか、と思わされる。

ベッドと机といくばくかの本、そんなものは持てる人からみれば、まことに微々たる所有にすぎない。

しかしそればかりの所有でさえ、わたしのようによくいえば良心的な悪くいえば気の小さいところのある者は、安心して所有し、生活を楽しむ、ということはできぬようだ。

一月×日

三学期がはじまる。久しぶりに子どもたちと会うのが楽しみだ。

勝文は新しい小倉服を着てきた。

わたしにおみやげをさし出す。新聞紙に包んであり、その上に何か書いてある。「中は手をつけてありませんから、食べてください」とある。家の人の心づかいだろう。そんなふうに書かせることにすまなさを感じる。皆の前でひらく。千葉名物の落花生せんべいだ。みんなで食べた。なかなかおいしい。

ストーブのまわりで、せんべいをかじりながら子どもたちの休み中の話をきき、わたしも鎌倉に一泊し、翌日、由比ヶ浜から江の島めぐりをした話をした。すると友子が「いいね。どこへでも泊れるから」という。しまった、と思ったがもう遅い。でも友子だって何年か後には、そういうことも可能になるはずだ。

一月×日

まだ川野講師が休んでいるので、午後、六年の理科で、石けん作りの実験をした。

買っていった牛の脂を溶かし、教科書に書いてあるとおりに、苛性ソーダの溶液を入れながら煮ていった。沸とうしている溶液が、目に入ったりすると、失明の危険もある、と指導書に書いてあるので、光男と友子によく注意した。

二つのビーカーにひびをつくってしまったが、やっと白く固まった。つかんでみても油こく、泡など立ちそうもない。また失敗かと内心がっかりしながらも、試験管に湯を入れ、白い固まりを少しいれてふってみた。泡が立つではないか。

「ホラ、石けんよ。まちがいなしよ」わたしは大喜び。すると友子が

「ウワァ、成功するなんて思わなかった。奇蹟だね、先生」という。ナニを、コシャクな、というところだが、成功した喜びで笑い出してしまった。

しかし、人間はよくいろんなものを創り出すもんだな、とたあいなく感心する。

脂肪を苛性ソーダで分解させたものが、垢をおとす石けんになるのだ。いつどうなることかと思って、ビーカーの中の液体を少々おっかなびっくりかきまわしているうちに、だんだん煮つまっていって、ある段階に達すると突如白く固まってしまうのだ。その量的変化が質的変化を起こすところが、まことにそれこそ奇蹟のようにおもしろい。自然弁証法の実地検証だ、などと大げさに考えてもみる。

一月×日

きのう、わたしが試験の採点をしているとき、勝文が、「先生」と呼ぶので、何の気なしに「なんで

ざァますか」とアクセントをつけて答えた。すると、勝文はむろん、その場にいた光男や友子も文字どおり、腹を抱えて笑いころげている。

「先生、いいそうもないこといったね」やっと笑いが少しおさまってから勝文がいう。それを今日になっても、まねしていってみて笑い合っているのだ。わたしがこんなに子どもを笑わせたことはない。ユーモアの要素の一つは人の意表に出るところにありそうだ。ユーモアが必要なんだな、とつくづく思う。

一月×日

かぜで発熱したので、二日ばかり休んだ。三日目に出勤し、着替える前に教室をのぞきにゆくと、勝文、光男、友子の三人が神妙に勉強している。

「いますぐ来ますよ」といって職員室にひっこむと、三人ともかけ出してきて、職員室の戸口に集まった。

「先生、どうしたの?」

「かぜ?」

「もう大丈夫?」と口々にいう。かぜで熱が出て、汗のかきどおしでくたびれた、といい、ゴホゴホ咳をすると、「もっと休めばいいのに」という。

「みっちゃん(光男のこと)はね、先生きっと交通事故にあったんだっていうのよ。わたしはかぜだっていったんだけど」と友子。「先生、ぼくね、中学の村山先生にお見舞にいってって頼んだんだよ。先生ひとりでねてるから、いってみてって頼んだんだ」と勝文。

わたしはうれしかった。そして、やはり休めないな、と思う。

勝文は、ふざけた表情で、ぬき足さし足で職員室の中に入ってくる。そしてあわてて出てゆく。職員室に子どもたちは入れない。わたしは何もいわないけれど、子どもたちは知っている。こんなに子どもたちと親密ないま、やはり一枚の戸が、わたしと子どもたちとの間に立っていることを感じ、子どもに対してすまないような気がする。差別しているのは、わたしのような気がする。

一月×日

勝文がかぜで休んだ。わたしからうつったのかもしれない。
若竹舎へいってみる。八畳間にひとり寝ている。ほおが熱のためにぽっと赤い。人一倍いたずらっ子が、おとなしく寝ているのはいじらしい。氷でひやしたタオルを額にあてている。それをとりかえてやり、何か食べたいものはないか、ときくと
「いいよ、先生」と照れくさそうにえんりょする。
「あら、えんりょしなくたっていいのよ。勝文君のガッツキはよく知ってるんだから。病気の時はえんりょしなくていいの、元気な時に少しえんりょしてね」とわたしはポンポンいう。勝文はお菓子などあると、いつもまっさきに手を出す子なのだ。それがえんりょするのは、ちょっとほおえましく、あわれ

でもあった。
「ね、何がいい？　えーとりんごにみかん、おせんべいにチョコレート、サイダーにジュース、何だか駅の売り子みたいね。何がいい？」わたしがふざけると
「いいよ、先生」とまだえんりょしている。帰ろうとして立ち上がると
「先生帰っちゃうとさびしくなるね」という。わたしはちょっと動けなくなる。
「そうそう、タオル、替えてあげようね」といってまた坐って額のタオルをとると、もう熱いくらいになっている。
「きょう一日がまんすればあしたは大丈夫よ。わたしもそうだったからね。きょうはおとなしく寝てるのよ。あとで何か届けてあげる」そういってへやを出た。

一月×日

勝文が出てきたと思ったら、こんどは三年の正夫が休んだ。いってみると正夫は眠っていた。わたしが枕もとに坐ると、パッと目を開いた。まっかに充血している。

「こんちは」と大きな声でいう。わたしを認めるやいなやあいさつのことばが出たのにはびっくりした。他人の中で生活している子を感じた。

しつけの悪い両親のもとで育ったわたしなどは、女学校に入ってからも、ちゃんとしたあいさつがで

きず、あとでは自分でも困ったものだった。そういうわたしもおかしいが、正夫のように小さいうちから、きちんとあいさつする子にもある不自然さを感じる。

何が食べたい？　みかんなぞどうかときくと、「みかんある？」と枕もとをみようとする。買ってきてあげる、というと「そう、どうもすみません」とあっさりしている。

ひるすぎ、わたしはみかんをもってまた正夫のへやにいった。寝たままの正夫にみかんをむいて、白い筋をていねいにとって一袋ずつ食べさしてやる。正夫は平気でパクリパクリと食べる。

「おいしい？」ときくと
「おいしいよ」という、そういう正夫をわたしはある安心をもってながめる。子どもらしくていい、と思う。

そこへ同室の勝文が入ってきた。勝文は、わたしに食べさしてもらっている正夫を、何かおとなっぽい、照れくさそうな表情でみてる。

一月×日
サンタ・マリア号が、ブラジルのレシフェ港にはいり、ガルバン元大尉は、ブラジルに亡命して、事件が一段落したので、あらためて事件の全体を説明した。事件がおきたときから話していたので、光男なぞは、朝、わたしをみると、「先生、サンタ・マリア号はいまこの辺だね」なぞと、世界地図の大西洋を指さしていったりして、興味をもっていた。

サンタ・マリア号事件。それはベレー帽をかぶった六十五才のガルバン元大尉が、二十四名ばかりの若者たちと、波静かなカリブ海でポルトガルの豪華客船、サンタ・マリア号を乗っ取り大西洋上を十一日間も逃げまわった事件だ。それは単なる海賊行為などではなく、ポルトガルのサラザール独裁政権の罪悪を世界中に知らせるための大芝居であったこと。ガルバン元大尉は、革命詩人バイロンの詩を愛し、軍人であり、劇作家であり、政治活動家であること。ポルトガルの植民地政策のひどさを報告して、サラザールに投獄されたが逃げ出したこと。ロンドンに留学しているポルトガルの学生たちは「あんなおじいさんが、あんなすばらしい冒険をするとは思わなかった」とガルバンをたたえていること、などを話した。

皆おもしろがって聞いているが、なかでも光男はひときわ目を輝かし、手をひろげ、胸を打ち「先生、ガルバンってえらいね。サラザールなんてやっつけちゃえ」という。

五、六年生にわたしはよく日本や世界のできごとを話す。広い世界の激動に目をむけることは、狭い園内に生活している子どもたちには、とくに必要でないかと思うのだ。そういうわたしの話を一番よくうけとめるのは光男だ。

一月×日

始業時間まぎわに職員室にとびこんだ。すると、教室の方から、何かののしり合っているような大きな声がする。いってみた。友子と勝文がストーブのまわりで、かみつきそうにしていい争っている。わけをきいてみると、勝文がきのうストーブの灰をとっていかなかった上に、たきつけのまきもなくなっていた。友子はけさは舎の当番で、食事のあとしまつをしてきたので、少しおくれたらしい。勝文は早くきていたのに灰をとっておかなかったので、友子が批難し、勝文がやり返してけんかになったらしい。

四校時の終り、わたしをみながら何かしきりにためらっていた光男は、突然わたしに小さい白い四角な紙包みを渡すと、教室をとび出していった。何かと思ってひらいてみると去年の秋、わたしを写してくれた写真が入っていた。光男が苦心してお金を貯めて買ったという千二百円のカメラにしてはよく撮れている。でもそれをわたしに渡すのがなぜあんなに恥ずかしいのか、とおかしくなってしまう。

午後「どうもありがと、よく撮れてるわね」というと、机に顔を伏せてまだはずかしがっている。

放課後、友子はひとり残って、ストーブの灰をとっていた。わたしは裏の戸口で、少したきつけをつくっていた。灰を捨てにやってきた友子は、わたしをみると

「先生、やりそうもないことしてるね」という。

「朝、あんたたちすごいけんかしてるからさ」というと

「気の毒なんでしょう。そうだろうと思った」と気をよくしたような返事をしている。

りんご箱にほぼいっぱいになったのをわたしが運ぼうとすると、

「いいよ、先生みたいなヒョロヒョロ。まかしとき」といって、わたしの手から奪うようにして持ってゆく。らいのため膝関節が冒されて下がっている右足（垂足という）を一足ごとにひきずりあげるよう

にしながら――。

二月×日

休み時間、わたしが職員室に来てクレゾール液で手を洗っていると、さち子が戸口で見ていて、「先生、どうして洗うの」という。

「消毒しているの。ホラ、あんたたちもこの前、目の病気がはやったとき、みんな玄関の所に洗面器をおいて、手を消毒したでしょう」少しそらした答えをする。「うん」といってあと何もきかないので助かった。あんたたちが病気だからよ、とは言えない。さち子は自分の病気を意識していない。だから聞くのだ。けれどさち子も遅かれ早かれ自分の病気を知るときがくるだろう。友子たちのもっているような劣等感や、そこからくる歪みを持たせぬようにするには、どんなふうに指導していったらいいのか。放っておけば、おとなたちの中で、おとなたちのもっているような影を身につけてしまうにちがいない。友子が「劣等感」という作文に書いてきたように。

わたしには指導する力がなさそうだ。やはり早くここを出るようにすべきだろう。

6　自分で自分を守る

二月×日

友子、このごろ少し明るくなったような気がする。よく笑うし、先生、先生、と寄ってくる。

きょうはこんなことをいった。

「ここの子どもは、家からはなれて来てる子が多いでしょ。自分を守ってくれる人がいないから、自分で自分を守ろうとするでしょ。だから利己主義者なのよ。この間村山先生がね、『中学三年の女の子は、もうむずかしくてお手あげだ。こんど入ってくる一年生に期待するよ』っていったから、先生あまり期待しないでくださいっていった。村山先生はね、『ここの子どもは考えすぎる、そして利己主義者だ』っていったけど、わたしも賛成よ」

性格的にきつい所のある友子は、ここへきて、ますますそういう面が強くなったらしい。

二月×日

文集のガリ切りを頼んでいた人が来たので、話し合っているうち、三校時の国語にくいこんでしまった。教室にはいってゆくと、光男は国語の勉強をしていたが、友子はレース編みをしていた。わたしをみると「ああ、バレタ」といってレース編みはやめたが、机の上にあった百科事典を見ている。「大木さん、国語でしょ」というと「ハイ」というが、まだ見ている。「大木さん」わたしの声はとがった。するとと友子は「これ、国語に関係あります」という。わたしの全身の血が逆流した。「いま、直接にどんな関係があるか、いってみなさい」そういう声はふるえ、息が切れた。あとのことばが出ない。友子はだまった。しかしやはり百科事典から目をはなさない。

何てふてくされた、ひねくれた子だろう——その思いが強く来た。自分が悪かった時は、素直に改めてほしい——わたしは心が静まってから注意したけれど、友子が納得したとは思えなかった。

自分のことばのむなしさを感じながら、ではわたしはあの時どんな態度をとればよかったのか、と迷ってしまう。またなぜ友子があんな態度をとったのかとも考えるがわからない。訊くべきだった、と後悔する。

同情するのはいいが、友子をどっかで甘やかしてはいないか、そんな反省もおきる。

勝文よりも友子の指導の方がむずかしいな、と思う。

三月×日

光男が、中学二年の姉の里子とともに退園して、関西の父親のもとにいくことに決まった。

きょうはやはり退園可能とみられる勝文と光男を連れて、本校を見にいってきた。

全生園分教室は、K小学校の分教室なのだとはいっても、子どもたちは本校の姿をしらないのだ。

夕方なので本校の子どもたちはほとんどいなかった。

玄関から上がろうとすると勝文が

「先生、上がってもいいの、上がってもいいの」と心配そうな声を出す。わたしはかわいそうになってしまって「うん、早く上がりましょう」とむしろそっけなくいってさっさとスリッパをはいた。光男は勝文のような心配はしない。

校長室に入ると、校長が来客用の大きなひじかけいすを二つ動かして「いいいすだろう。お客様用のいすだ。さ、かけなさい」という。前任の青井先生もつき合ってくれた。校長にお菓子なぞをもらって校内をまわる。

子どもたちはいないけれど、どの教室にもいろいろ貼ってあったり、ぶらさげてあったりして、たくさんの子どもたちのにぎやかな生活を語っている。それはたった五人の分教室とは比較にならぬ活気をただよわせている。光男や勝文はどう感じているだろうか。でもふたりとも間もなくこのにぎやかな一員になれるのだ。

三月×日

友子と光男はもうすぐ卒業だ。光男は退園して外の中学にいく。勝文も退園できるかもしれないので、三人をつれて近くの町に出かけた。

中華そばが好きだというので、それをご馳走し、ついで甘いものを食べさせる店に入った。

友子が「先生のアパート、この近くなんでしょ」という。

「そうよ」

「先生のへやに何あんの？　洋服ダンスにテレビに電気洗濯機？」と光男。

「そんなもの何もない。第一、四畳半でへやが狭いのよ。大きな机とベッドと本が少しあるだけ」

「本たくさんある？」と友子。

「そうね。数えたことないけど五、六百冊ぐらいかな。持ってる人からみればいくらもないわ」

「ウワァたくさんだ。わたしの読めそうなのあるかな」と小説好きの友子。

「そうね、中学生以上むきの本が多いわね」「行ってみたいな」

「いこうか」と立ち上がりそうな光男。するとそれまでみつ豆を食べていた勝文がいう。

「だめだよ。らい病の子なんかがいったら、いっぺんに追っぱらわれちゃうよ」

わたしはどきっとする。「そんなことしないわよ」といったが、ひどく弱々しい声だ。

ここからわたしのへやまでは五分もかからない。便所も炊事場も外という掘立小屋だけど、連れていったらどんなに喜ぶだろう。つれていったってどうということはないはずだ。だが「じゃ、いらっしゃい」とのどもとまでこみ上げていたことばは、とうとう口から出なかった。わたしはひどくみじめな気分につき落とされた。

三月×日

卒業式。真冬のような冷雨がふりしきる寒い日だ。箱根は大雪で、交通止めだという。

会場は礼拝堂。普通の学校の講堂くらいありそうなだだっぴろいへやを紅白の幕でしきり、一段高い祭壇には職員や来賓や派遣教師が並び、子どもたちや父兄や関係者は、一段低い畳の上に坐っている。礼拝堂を会場にすることでは、やはり曲折があった。学校側としては、礼拝堂を避けたかった。こちらが一段高い所で腰かけ、ほんとは主役である子どもたちが、一段低い所に坐るような平等でない形での卒業式はやりたくなかったのだ。だが、来賓を数えるとけっこう多くなって、適当な場所がないのだ。

学事報告というのを行なう。

その中でわたしは次のようなことを述べた。

わたしがここへ来るについては、肉親はじめ友人知人の意見をきいた。そのほとんどが行くことを賛成し、はげましてくれた。だからわたしはここに勤めていることを誰にも隠す必要がない。もし周囲の人々が皆反対して、協力してくれなかったらいくら決意して来ても、辛い気持になったろう。そういう自分のことから考えて、患者の心身の解放のためにはやはり外部の強い協力が必要ではないか。医学的にもらいは治癒可能で、伝染性の低い、普通の病気だということになっている、ときいている。だからまず子どもたちをもっと外へ出すことを考えてほしい。

そんなことをいった。

式後、本館の二階で、ささやかな祝宴が設けられる。いっしょに働いている講師たちは招ばれず、わたしたちや来賓だけの宴なのもちょっとうしろめたい。中学の校長がとっくりをもってまわってきた。「先生は信念をもってやっていらっしゃるのを感じました。」とほめる。わたしはただ自分の実感をのべただけだ。信念といえるものかどうかは疑わしい。

そのほか何人かにホメられる。話がうまい、選挙の時頼む、患者に理解がある、などと。その理解がある、ということばにしばられる自分を感じた。それと同時に自分の、あるあいまいさに気づかされた。いちおう患者の立場にたって、外にむかって呼びかけたつもりのことばが、自分にはねかえってきているのに気づく。当然のことなのに、何かわたしはあわて気味になった。表彰された人が、それにしばられて、善行以外の行為ができなくなるような不自由さを感じ出していた。

わたしはあまり丈夫ではない。しばしば死の恐怖におそわれたり、いまわたしの体内では何か不治の病気が進行中ではないか、などとおじけづいたりしているような人間なのだ。だから他人の病気に対しても、ある程度の理解と同情はもてる。しかしまた同じ理由によって、わたしのそれらには限界があるのだ。いざとなると自分を守ろうとしてしまうのだ。

らい患者の解放に協力しようというのも、いくらかのヒューマニズムはあるとしても、そのことによって、自分自身がらいに対する不安や恐怖から解放されたいからなのだ。わたしが解放されることは、他の多くの人々にとってもそうなのだからいいだろうと思っているのだ。このようにわたしの発想の根は、つねに自分の利益にある。そこからわたしの限界が出てくるのだと思う。

ともかく発言の重みというか責任というか、そういうものを感じさせられた。

三月×日

光男姉弟が退園していった。午後二時頃、迎えに来た父親と母子が学校にあいさつに来た。見送りにゆく。施設の境目の垣根のところに、四、五十人の患者たちが見送りに集まっている。少し待つと、あちこちあいさつまわりをしてきた光男たちがやってきた。

見送られる者と見送る者とが向きあう。

勝文が花束をもって光男の前に進んでいった。受けとる光男は何だか泣き出しそうな表情だ。もどってくる勝文も泣きそうなかおだ。

姉の里子にも花束がおくられた。代表してあいさつする。

「――母をひとり残していきますので、何分よろしくお願いします――」

母親は正式に離婚して、子どもたちだけを、父親と新しい母親のもとにやるわけだ。母親がいまどんな気持でいるか――それはわたしなぞの推測できぬ領分のような気がする。

だがこういう退園風景は、昔は考えられなかったことなのだ。北条民雄の描いた全生分教室の暗さは、ずいぶんうすれている。太市のような暗さ――らいと診断されて、祖父から川につき落された――をもった子どもはいないし、みんな軽症者ばかりだ。社会復帰してからの生活の不安はあるとしても、病気ゆえの絶望は、ずいぶん薄らいでいるとみていいと思う。

やがて光男たちは、正門の近くにとめてあった車にのりこみ、数年間をすごした園の門を走り去っていった。

新しい土地で、新しい母親のもとで、光男たちの新しい生活がはじまる。家庭生活がうまくゆけばいいが、とそれを一ばん願う。

第二年度の記録

1　授業・録音・テレビ

五月×日

五年の国語の時間。さち子は教科書を読んでいる。

日本の国立公園の絵はがき的な説明文なのだが、漢字がごっそり出ているので、いたるところ読めない字、忘れた字にぶつかり、遅々として進まない。読めさえすればさち子は内容はわりとつかめるのだが、こう読めなくてはどうしようもない。

わたしはいいかげんいらいらしている。忘れた字なんか教えてしまえばかんたんに進むが思い出させようとしていると、読みだけで毎時間が終わってしまう。

「根気」という熟語が出てきた。この教材に入ってからもう意味もしらべ四、五回読んだ字だ。けれどさち子は忘れている。

「まだ覚えないの？　もう四、五回読んでんのよ」わたしの声はとんがる。

「えーとね、ちょっと待ってね、先生。思い出すから」さち子は額に手をあて、大きな目を少しやぶにらみみたいにしながら、思い出そうとしている。

「えーとね、ネキじゃなかった？」

「ううん、そんなんじゃないわよ、ネは訓読みでしょ。ここは音読みするのよ」

「えーと、えーと、先生言わないでね、思い出すから。あ、ネンキでしょう？」

わたしはふき出してしまう。

「ネンキとは傑作ね。飽きないで辛抱強く仕事する人のことを、あの人は何々がいい、というでしょ。知らないかな」さち子は知らない。

「カ行よ。カキクケコの中にあるわ」まことに形式的だがヒントを与える。しばらくさち子は長いおかっぱの髪で頬をかくしながら考えている。

「あ、コンキだ」顔を上げてわたしをみる。

「そうよ、コンキよ。まったくコンキがいるわね、さっちゃんに覚えてもらうには。そういうふうに使うのよ。やれやれ、もう忘れないでね」

さち子との授業では、しょっちゅうこんなことを繰返している。わたしが無能だからだろうが。だが五年の教科書は、国語や社会が四年にくらべると飛躍的にむずかしくなっている。その上、国語はとくにおもしろくない教材が多い。だからさち子はなお読めず書けない。同じ人間に生まれてどうしてこう覚えがわるいのか、とかわいそうにもなってくる。しまいには、わたしまで、どうしてその字をそう読まねばならないのかわからなくなることがある。

言語を第二信号系と考え、言語によって人間の思考が行なわれるとすれば、ますます言語の重要性は増してくる。けれどもそれは、こんなにも抵抗の多い漢字で覚えねばならぬものかどうか疑問になってくる。

こんな授業の連続だが、さち子は、ベルが鳴ってもわたしが何かしていると「先生、始めましょう」といってくれる。ああ、まだ国語は愛想をつかされていないか、とほっとする。

五月×日

正夫、さち子のふたりはとくに加減九九や乗法九九、書き取りができないので、職員会をひらき、一日おきに算数と国語の特別授業を行なうことにした。算数は前に書いた初歩的なことを行ない、国語は、一年から六年までの教育漢字八八〇字の書き取りをすることにした。はじめはやさしい字が多いので、一回五〇字ぐらいずつ書き取りし、九〇点以上をとれたら前にすすむことにした。競争になるので、けっこう楽しんでやっているようだ。まことに形式的な詰めこみ方法だが、ともかく続けてゆこうと思っている。

五月×日

NHKが「ハンセン氏病とたたかう子どもたち」というテーマで、録音をとりたいという。一時半ごろ、アナウンサーひとりと、デンスケをかついだ録音係のふたりが、分館長O氏に案内されて学校にきた。

まず小学校の音楽の授業を録音した。米村講師が「春風」のハーモニカ合奏をさせていた。三年の正夫が、歌ってみなさい、といわれ、ハーモニカの伴奏でうたい出した。ところどころ声がかすれる。歌い終わったとたん正夫は「あーっ」と大きなため息をついた。緊張して息苦しかったらしい。みな大笑いする。

外へ出て、テニスから帰ってきた中学生たちとのインタビューがはじまる。中学生は四人。村山先生がいないので、わたしが立ち会う。

将来の希望をきかれた時、二年の守《まもる》は、「父親が自衛隊にはいっているから自分もはいる。防衛大学までいきたい」という。同じく二年の等《ひとし》は「電気関係のしごとをしたい。できたら大学までいきたい」と答えた。

三年の夏子と一年の友子は、ゲラゲラ笑っていて、そうすることによって、会見されるいやさを表わしていた。でも友子は、ともかく「大学までいきたい」と答えたが、夏子は「別に何も考えていません」と笑っている。何が楽しみか、ときかれた時も夏子は「遊ぶことと、寝ることです」などといっている。男の子たちは素直なのに、ことに夏子の態度はひねくれている、と映った。わたしはいささかハラハラしていた。

最後に男の子たちは、自分たちの希望を達するために、社会の人たちの理解がほしい、といった。わたしは、もしふつうの人のように受け入れてもらいたいなら、夏子たちも、ことさら病者のひがみをみせるような態度を慎み、あたりまえの態度で接するべきだ、とそんなことを考えていた。

職員室にもどって、こんどはわたしがインタビューされることになる。

わたしが夏子たちの態度を謝すると、アナウンサーは「実はもっとひねくれているのかと思ってきましたよ」という。

アナウンサーとわたしは、次のような趣旨の問答をした。

アナ　先生がここへ来られて、いちばんお感じになったことは何ですか。
鈴木　そうですね。何しろ子どもの数が少ないので、勉強するにも遊ぶにも、はり合いがなくてかわいそうだということです。（患者の少ないのは喜ぶべきことなんですが）いつもおとなたちにとりまかれた生活で、子どもたち同士の生活が持てないってことが気の毒です。
アナ　親元から離れてきてる子が多いようですが、そういう子には暗い影がありませんか。
鈴木　そうですね。とくに中学生ぐらいになると感情も複雑で、劣等感なども強くもっているようですね。とくに女の子にそういうものが早くから強く表われるようです。
アナ　そういう子どもたちのいちばんの願いは何ですか。

鈴木　早く病気が治って親元へ帰る、ということでしょうね。

アナ　現在の子どもたちの楽しみはどんなことですか。

鈴木　学期末ごとの休みに家へ帰省すること、それに、年に一度か二度バスにのって社会科見学にいくことなんかも楽しみのようです。

アナ　年に一度か二度ですか。もっと出られないのですか。

鈴木　ええ、「らい予防法」という法律があって、都内へ出ることはおろか、途中で下車してもいけない、と園側はいいます。そのくせ一方では帰省という形で外出が許されているんで、ずいぶん矛盾しているところがあるわけです。

アナ　それじゃ船が見たいとか、放送局が見たい、といってもだめなんですね。

鈴木　ええ、公然とはできないわけです。それどころか、図画で写生したい、と思っても、園内にはもう画く場所がない、という実情なんです。

アナ　さきほど中学生たちも、社会の理解がほしい、といっていましたが、そのことについて先生のお考えをもう少しきかせてください。

鈴木　ともかく、らい病が伝染病であることはたしかなんですが、一九五八年の国際らい学会の決議にあるように、非常に伝染度が低いし、治療可能な、ふつうの病気だということですね。けれど、社会のらいへの恐怖や不安、嫌悪感といったものは、今だって非常に強いと思うんです。けれどそれはもういまとなっては偏見なんですね。（わたしも来た当初は強い偏見をもっていましたが）だから、「らい予防法」もおくれている部分を改正する時期に来ていると思うんです。法律の枠をゆるめることによって、社会の人もらいへの偏見から解放されることになるし、どちらにとってもよいことだと思うんです。こういう現状をよく知ってもらって、彼らが治って社会復帰した場合、ふつうの人と同じように受け入れてもらって、一人前の生活ができること、それが社会の理解ということだと思うんです。

アナ　社会復帰が願いだが、それが非常に困難だ、ということですね。

鈴木　そうなんです。現在ではらいは、お医者さんもいっていますが、医学的な問題というよりもむしろ社会的、政治的な問題に変わりつつあるわけです。社会に出て就職するにしても、ここにいたことは現状では極力隠さねばならない。その上ふつうの人でも失業者が多いんですから、こういうマイナスの条件をもった人たちに対しては、とくに強力な政治的配慮が必要だと思うんです。

なにしろ、インタビューされたりしたのは生まれて初めてだ。だいぶあがっていた。東北なまりはしかたがないとしても、うまくことばが出なかったり、だいじなことをいい忘れたりしたような気がしてならない。アナウンサーは「先生のお話はぜひ出します」といっていたが——。

五月×日

町の教育委員会にいって、次のような証明書を二部もらってきた。村山先生も行ってくれた。

『教育課程におけるテレビジョン購入について

小中学校教育課程における視聴覚教育の分野は非常に大で、テレビ教育は相当の効果を示すもので、備付けは必要いうまでもない』

ここの子どもたちは外に出られない。その上四、五年の子は知能が低い方だ。だからことばだけの説明ではとてもわかってもらえぬことが多い。たとえば神社などについても、さち子は知らない。だからできるだけ感覚に訴えるほかないのだ。その一つの手段としてぜひ専用のテレビがほしいと思っていた。いままでも社会は図書室（一般療養者用のもの）へいって見ていたがよく故障するし、いつでも自由にみられるためには学校用が一つ欲しいのだ。

分館長のO氏に相談にいった。

「たった三人ばかりの子どものために、専用のテレビを備えろなんていうのは、だれがきいても常識に反しますよ。それも全然ないのならともかく、図書室にあるのに」

小柄だが小肥りしているO氏は、大きな机を前にしながら、とんでもない、というふうに否決する。

「たった三人ばかりで勉強しなければならない状況におかれているからこそ、欲しいっていうんですよ。Oさんのいうような常識を破ってゆくのも、教育の一つの仕事だと思うんです。たった三人のためにも、テレビを備えねばならぬほど、教育って大事なんだという考えを広めたいわけですよ」

「しかしともかくわたしの考えでは、社会通念に反しますね。本館へ請求する名目がたちませんよ。そりゃテレビがぜひ必要だという教育委員会あたりの証明でもあれば別ですがね」

「じゃ、その証明書をもらってきますよ」

そんなやりとりがあったのち、わたしは本校の先生に連絡して、教育委員会に話をしてもらい、わたし自身もテレビが必要な理由を書いた書面をもって出かけたのだ。

一部をさっそくO氏にもっていった。目を通したO氏は、

「どうも先生には参ったな。ともかく預かっておきますよ」という。

「預かっておくなんていって、握りつぶさないでくださいよ。せっかくもらってきたんだから本館へすぐ請求してください」わたしは追い打ちをかけた。

テレビが万能とはむろん思っていない。しかし反対されると意地になってくるところもある。そうなると主張しつつもあるむなしさを感じてくる。つねに、実感に裏づけされた確かな論理をもっていなければならないと思う。

六月×日
分館へ行ったら、光男の母親が、外の窓口から職員のKさんに何か訴えている。
光男は三月小学校を卒業すると、姉の里子といっしょに、関西の父親のところにひきとられていったのだ。むこうにはすでに新しい母親がおり、実母は離婚して、子どもたちだけを父親のもとにやったわ

けだ。

話を聞いてみると、子どもたちとむこうの父母との間がうまくゆかず、実母は子どもをひきとりたい、という。退園してゆくときから心配していたことが起っているのだ。

「もう先生、父親が子どもたちを虐待してひどいんですの。夜中の一時、二時までも打ったり叩いたりしているんです。とてもおけませんから、ひきとろうと思いまして」といいつつ泣いている。

継母と里子の手紙を見せてもらった。

継母は、わたしはふたりの継子のめんどうをみてゆくつもりだが、ふたりの子どもがちっともなつかない。それは実母のあなたがしょっちゅう手紙をよこすからだ、少し控えてくれ、といっている。

里子は父親とけんかしたときのことを書き
「――『徹底的にやってやる』と父がいったので、徹底的ってどういうことだ、といい返しました――」と書いてある。

いろいろ母親はいうが、どこまでが事実なのかわたしにはわからない。

手紙を読んだかぎりでは、継母がとくにわからずやともひどい人とも思えない。ともかく先妻の、人の嫌う病気だった子をひきとるというのだ。里子の感情的なむずかしさがうまくゆかぬ原因のようにも思う。「困ったことね」わたしもため息をつくほかない。

2　予算増額のための運動

七月×日

やっときょう、学校で、六十一年度学校予算についての三者懇談会が持たれた。

ここまでくるには、ずいぶん骨が折れた。

五月はじめ、園側から、規定の学校予算は二万二千五百円だから、その範囲でやってくれ、と言ってきた。しかし小学校だけでも経費を見積ると五万八千円近くほしい。それで園長はじめ関係責任者と話合いをしたいと申し込んだが、分館長のO氏は「予算はきまっている、もう出せない」と本館ではいっている。そんなことで園長を呼び出すことはできない」という。去年も予算会議はやったがやはり揉めた。わたしはとっさの思いつきで「じゃ年に一度の顔合わせ、ということにしたらどうですか」といった。するとO氏は「なるほど年に一度の顔合わせか。うまいことをいうな。役者が一枚上だ。そんなら園長に話してみましょう」という。なぜそんな名称にこだわるのか、わたしにはわからない。ともかくこちらのねらいは、関係責任者に出てもらって、学校の実情を話し、要求額を獲得することにある。

小中学校から予算見積り書と議題を出して、いよいよ会議になるかと思ったら、会場の面会所が予定日はふさがって使えなくなったから、礼拝堂で行なう、と分館からいってきた。

わたしと村山先生はまた分館にいった。

「礼拝堂でするとなると、どういう形になるんですか。職員と派遣教師は一段高い壇上に上り、患者の講師たちや全生会の人たちは低い畳じきの上に座るんですか」

「ま、そうですね」とO氏。

「そんな差別をつけた形で会議することはできませんよ。わたしたちは同じ仕事をしているなかまなのです。同一平面上の場所でなければ困ります。学校でやってください」

「今まであそこで話し合うことが問題になったことはないんですがね」O氏は不快そうだ。

わたしは、

「どこで、どんな形で、だれが出席するかということは、政治的な国際会議などではよく問題になるじゃありませんか。それはその時の力関係や、現状認識を反映するから重視されると思うんです。いかにも差別観を表わしたような形で会議することはできませんよ」といった。

けっきょくわたしたちの主張どおり学校で開くことになったが、O氏は
「これが慣例になっては困りますからね、今年だけのことと思ってください」という。

なぜ学校予算を学校で審議するのがよくないのかわからない。園長を学校に呼んだりしては失礼だというのか。でも園長は、名目上は子どもたちの保護者になっている。一年に一度ぐらい学校に来てくれてもいいだろう。

しかしともかく会議も開けるし、場所もこちらの言い分は通った。O氏も話せばわかる人なのだ、とわたしはかなり気をよくしていた。

きょうの会議には、園長、O氏をはじめ園側の責任者が二、三名、小中学校から十名近く、全生会から二、三名、合計十五、六名出席した。だがかんじんの事務部長のS氏は出張で欠席だった。

小学校としては、子どもたちが外に出られぬ上、知能が低いので、できるだけ視聴覚に訴える教材・教具が欲しい。とくに図書・スライド・テレビが欲しい、と要求した。

また、今年度から学習指導要領の改訂にともない小学校は、教科書が全部変った。しかし園側が寄附を主に考えていたので、集まったのは三分の一ぐらいにすぎず、しかも国語算数社会理科のような主要課目は寄附されなかったので、あとから注文したため全部揃うのに一学期間かかってしまった。こんな状態では非常に困るから、教科書代ぐらいは別枠で、園の予算から買ってくれ、と強く要求した。

小中学校共同での要求としては、地図があった。昭和初年のものしかなく、もう役に立たないのだ。それが二万四、五千円あった。

川野さんは、小中合わせて七名の子どもたちに、毎日牛乳を配給してくれ、と要求した。子どもたちが、牛乳を飲みたいが金がないので、一本をとってふたりで飲もうか、といっているのをきいて涙がこぼれた。子どもたちの身体の発育のためにも、一日一合ぐらい飲ませてやりたい、と主張した。

園側は、ともかく予算が少ない。大きな要求は寄附でもしてもらうほかない。きょうは事務部長もいないので、あとでできるだけ善処した返事をしたい、という。いつもそんな返事で終ってしまうのが何とも歯がゆい。

七月×日

けさ、白い予防衣を着ないで、花もようのブラウスとスカートのまま、ちょっと教室にいった。さち子が来ていて、小学生新聞を見ていた。

「さっちゃん、おはよう」というと

「おはようございます」といってわたしを見た。

「あらァ、先生きれいなブラウスね」

さち子は触ろうとするように手を伸ばしたが途中でおろしてしまった。わたしはひやりとした。なぜさち子は手をひっこめたのだろうか。手が汚れていたからではない。さち子にも病者としての意識がやはりあるのだろうか。ないと思っていたのに。ふつうの子ならえんりょなく触るところだ。それにしてもわたしの中に、さち子の手をひっこめさせてしまうものがあるのではないか——わたしはさち子に対してすまなく思う。

七月×日

二、三日前、分館を通して返事が来た。必要欠くべからざるものだけにしぼってもっとくわしい予算書を出せ、という。

事務の天野さんや川野講師がまた書き直したものをもって、村山先生とわたしは分館にいった。予算書に目を通していたO氏は、図書費の五千円ばかりの項目をみると、こんなのは第二義的なものだ、あとまわしだ、という。冗談じゃない、学校図書館法にだって、図書は学校の基本的設備だとうたってある。それに人間形成に深い影響を与えるような作品は、教科書の中にはないといっていい。そんなことを説明してもきき入れてはもらえない。うんざりしてしまう。総額の中でやりくればいいと思って、いちおうはO氏のいうとおり、図書費は消した。

ところがきょう、全生会を通して、また、規定通りの予算でやってくれ、オーバーしている分は全然出せない、といってきた。

村山先生とわたしはまた分館にいった。

O氏は、事務部長が出せない、といっているからだめだ、という。

「だってそれじゃ何のためにあんな予算会議を開いたのかわからないじゃありませんか。全然考えてくれないなんてひどいですよ」というと

「この前のは予算会議じゃありませんよ。年に一度の顔合わせ、というからそうしたまでです。顔合わせにすぎませんよ」とO氏は表情をこわばらせていう。

わたしはあっけにとられた。よくもそんなことが恥ずかしくもなくいえるものだと思う。あの会議が予算のことで終始したことは、出席して、司会の役をつとめたO氏自身よく知っているはずだ。なぜこういう変わり方をするのか。上司の事務部長に否決されたからか。

O氏はさらに教育委員会からもらってきた書面をとりだした。

「『——テレビ教育は相当の効果を示すもので、備付けは必要いうまでもない』か。こんな必要いうま

でもない、なんて文句で通るもんか。たった三人ばかりの子どもにテレビ一台なんて、社会常識から考えたっておかしなことだ」と吐き出すようにいう。

わたしはますますあっけにとられ、何かぼんやりした気分になる。わたしだって教育委員会の書面の文句がうまいとは思わない。けれどO氏のような言い方で葬られようとは思いもかけないことだった。

その上彼は、わたしたち派遣教師は、講師たちからつき上げられて動かされているのだろうともいう。

O氏のこういう一面にはじめてぶつかったわたしは、驚き、あきれ、腹立ち、興奮し、うまく反発することもできずに、すごすごと学校にもどった。

予算会議までは、こちらの言い分が通ったので、O氏を話せばわかる人と思い、当日はあやうく感謝のことばを述べるところだったのだ。きょうの豹変ぶりにぶつかって、感謝などしないでおいてよかった、と思った。

学校へ帰ってさっそく小中合同で職員会をひらき、O氏との交渉を逐一報告した。

すると講師たちは怒り出し、もう四時近かったのに、分館におしかけていった。講師たちは失うものをもっていないだけに、団結して行動し出すと強い。分館でO氏をつるし上げ、ついで本館にゆき、会計課長を呼び出して、園側の態度を追求したらしい。

わたしと村山先生は、学校で、落ちつかない気持で待っていた。

3　らい予防法の矛盾

九月×日

二学期がはじまっても暑い日が続く。

午後講師の川野さんは、廊下に机といすを出して、小さいブリキ板や木片に一枚一枚白いエナメルを塗っている。塗ったものは、廊下に張り渡された綱にくくりつけて乾かされる。園内の樹木につける名札を作っているのだ。夏休中から準備がつづけられている。

川野先生の顔からは一面汗が吹き出し、流れ落ちている。病気のせいで、集中的に顔から発汗するらしい。

「先生、その名札をつけると、どれくらいもつんですか」

「そうだね、せいぜい二、三年きりもたねェね」

それにしては労力がかかりすぎるように思う。名札にする材料を捜し、二度ぐらいエナメルを塗り、広い園内の樹木を調べ、植物図鑑をめくり、台帳を作る、といったぐあいにたいへんな仕事なのだ。むなしいようなことに努力しているのをみるとある感動を覚える。一四〇枚近く作ったらしい。体のぐあいが悪く、なまけ者のわたしは、ほとんど協力もしなかったが――。それらは子どもたちの理科の勉強にもなり、療養者の園内散歩の時の慰めにもなるらしい。

九月×日

雨の朝、全生園前でバスを降りると、いちょうの大木の下に、光男姉弟がいる。一本のこうもりを二人でさしている。わたしは驚いて近よっていった。

「どうしたの、まだ帰らなかったの」

もう新学期がはじまって一週間以上もたっている。夏休み中、若竹舎に来ていたけれど、もう帰ったとばかり思っていたのだ。

ふたりはこれからM婦長といっしょにT市の児童相談所にゆき、相談してくるのだという。

雨が激しくなってくるので、わたしはふたりを門衛所の廂の下まで誘っていった。

「――ね、おとうさんの所に帰ったらどうなの」ふたりが黙っているので、わたしはそういってみた。

無力な、無責任なことばだな、と思いながら――。

「いやです」里子はわたしに背をむけたまま、にべもなくいう。

そこへむこうから母親がやってきた。失明しかけている母親は、間近まで来てやっとわたしを認めた。

「どうも先生ご心配いただきまして。子どもたちは、もう父親のもとへは絶対帰らない、いいますので、施設にでも入れようかと思いまして」

「施設なぞに入れると、勉強できないそうですよ。集団生活で」

そんなことをいいながらわたしは立ち去ることもできず、といっていい方法も考え出せず、二人の子どもを見ているほかなかった。

M婦長がやってきて、二人の姉弟はバスに乗った。

母親と園内に向かって歩き出す。

「先生、光男が、おかあちゃん、もうぼく死んでしまいたい、いいよりますんですよ。あんなのんきな子が――。先生どうかきょうのこと、誰にも言わないでくださいまし。それでなくってもわたし、いろいろ悪口いわれて、ほんとうに困っているんです――」また母親は涙声だ。わたしは黙ってきいていたが、光男だけ父親のところにやって、姉の方は母親の友人という人の家にあずけるのがよいのではないかと考えていた。

九月×日
社会科見学のコースを書いて、分館にもってゆく、村山先生もいっしょ。

コースは表むきは都内一周となっているけれど、学校側の腹案は、放送局と新聞社を見ることにしてある。

講師たちが、同行することを辞退し、子どもたちと派遣教師だけで行っていろんな場所を見せてくれといい出したので、今度はその前提条件で行先を考えたわけだ。

しかし「らい予防法」のたてまえ上はできないことになっているので、都内一周となっている。

コースをみたO氏は表情を変えて、

「この前厚生省から注意されたのに、またこんなコースを出してくるとは何ですか」という。最初からガンとやられてわたしはひるんだ。しばらくしてやっと口をきいた。

「厚生省からの注意っていったい具体的にどんなことなんですか」

「そりゃわたしが直接きいたわけではないが、きまってますよ。ともかくここにいる患者は伝染病者として隔離されてんだから、人混みの中に出てはいけないんですよ」

「じゃ、そういう一般的な注意にすぎないんですね。去年だって上野公園にいったんですよ。それより後退するってことは考えられませんね。伝染病っていったって、ちょっと歩いてくるくらいでうつる病気でないってことは、むしろOさんの方がよく知っているでしょう。実害はないってことはね。らい予防法と現状との間にずれがおきてるわけですよ。現状が進んでしまって、法が遅れている部分ができているんですよね」

「そりゃその通りですよ。しかし社会通念としては、らいはまだまだ人に嫌われる恐ろしい病気ですからね。ここの子どもたちが本校の運動会を見にいったことなぞ文集に書いているが、あれをもし本校の父兄が読んだりしたら、きっと問題になりますよ。そうなれば校長さんだってえらい迷惑しますよ」わたしをおどかしているなと思う。

O氏をふくむ園当局者を相手にすることは、少し誇張すれば、日本の官僚制の厚い壁にふれることだ、とよく思う。

九月×日

三校時目、本館の事務部長の所へ村山先生と出かけた。一学期に注文しておいた地図類を早く買ってくれ、と頼みにいったのだ。

部長は、「思いつき的な地図請求だ」という。冗談じゃない、それはもう二、三年前からの要求なのだ。それに、たった六、七人の子どもにテレビ一台は社会常識に外れている。とまたいわれる。そりゃあなたの考える常識に外れているだけでしょう、といいたいが、もううんざりしてしまって反論する気になれない。

けっきょく部長は、金がない、といい、学園統合の話が所課長会議で出ている、と話をその方にもってゆく。統合問題はもう二、三年も前から出ているらしい。統合をエサに、おあずけをくわされてはかなわない。

また部長は、Y県人会から患者たちに寄附金が四、五万きている。全生会あたりへ交渉して、少しわけてもらったらどうか、ともいう。それは筋道がちがうだろう。

村山先生は「ともかくいうだけのことはいったから――」と立ち上がる。わたしは「いうだけではだめですよ。イロよい返事をきかないうちは」ともうひとおし押した。

学校に帰って川野さんに交渉の経過を話す。県人会の件では、やはり怒った。

「そんなこと、全生会にいったら怒られっちまうよ。何でたらめいいだすのかな、まったく」と。

十月×日

四年の正夫の日記から。

「きょう、体育の時間に、ぼくと勝ちゃんとさっちゃんとはたの先生の四人で、築山にいって陣取りした。

『ぼくはしれい長官だ』と勝ちゃんはいって、ひとりしかいないのに、『番号ッ』といった。

『一ッ』といったら『十まで数えろッ』という。ぼくが十まで数えると、しれい長官の勝ちゃんは、『つっこめえ』といった。ぼくははずかしかった。すぐ近くに舎があるので、聞かれていると思ったのだ』」

「きょう、ぼくはれいはい堂前の池で、プラスチックの原子力せんすいかんを浮かべて遊んだ。スクリュウをまいて走らせてみると、様になって走る。

このせんすいかんは、勝ちゃんからもらった。その時はずいぶんうれしかったが、浮かばしてみると横になるので、少しがっかりした」

読み返しながら、微笑がこみあげてきてしかたがない。

去年あたりの正夫は、自分の感情を書くことがなかった。助詞や接続詞の使い方も不正確だった。それにくらべればずいぶん進歩したと思う。

十月×日

五年の国語『星の話』のところで、宇宙には数しれぬ星があり、地球もその一つにすぎず、夜ごとの星の光も、何万年どころか何億年もかかって地球に届いているものがたくさんあるのだ、というような説明がある。

それは何か人を茫漠とした無限感や虚無感、ひいては無力感に落しこむものだ。話しているうち、いつかわたしはまたそんな思いに捕われていた。するとさち子が「いやだね、先生」という。わたしの感じていることが伝わっているのだ。「うん」といったが同時にしまった、と思った。

すでにガガーリン少佐は地球をまわってきている。人間が地球の外へ出てゆくことが可能な時代なのだ。ツィオルコフスキーのことばのように「人間は永久に地上に留まるものではない」とすれば、無力感に落ちこむような宇宙感覚はもう古いのだ。宇宙の無限ということは、無限の不可解ということではなく、無限の可能を意味するものに転じているのだ。（註4）

十月×日

あすはいよいよ社会科見学というのに、中学校の村山先生とけんかした。

午後、分館へいって、明朝のバスの出発時間を三十分早めて八時にしてもらえないか、と交渉してきた村山先生は、顔色を変えてわたしを批難する。形勢が不利になったとみて、わたしが逃げ腰になってきた、というのだ。わたしはめんくらった。どういうことなのか詳しく説明してくれといったが、いわない。バスの交渉がうまくいかなかったうっぷん晴らしなのか、O氏に何かきいてきたのか、いつも二人で交渉にいってたのに、いかなかったからなのか、いくら聞いてもはっきりいわない。

「責任をとる気がないのなら、中学校だけでゆく。小学校といっしょにゆくのはごめんだ」

「先生の話、抽象的でよくわかんないな。責任をとるとかとらないとかっていうの、まだ早すぎるわよ。もっと人の行動を最後までみてからにしてもらいたいわ。だいたい責任責任っていったい何のことよ。先生はどんな責任をとるつもりなの?」疑われていることがしゃくにさわって、わたしもじゃんじゃんいう。

「ぼくはいざとなったら辞職するよ。違法行為をとるからには、そこまで考えてるんだ」

ヘエ、辞職とは大げさな、と思ったが、わたしも自分のあるあいまいさに気づいた。

もし事故でもおきた場合、直接責任をとらされるのは園当局だ。わたしたちの責任は間接的だ。人に迷惑をかけるかもしれない行動をするとなれば、どんな迷惑がかかるのか、やはりとことんまで考える必要があろう——やれやれ統一戦線が乱れてきたか——それにしてもこんなにわたしたちを悩ます「らい予防法」とはいったいどんなものか、今までちゃんと読んでおかなかったのは怠慢だった——わたしは分館へ走った。

分館ではじめて「らい予防法」を読んだ。むろん隔離ということが前提になっており、外出の制限がある。外出できるのは、親族の危篤、死亡、罹災、その他特別の事情ある場合、となっている。しかしこの制限外で外出しても、それに対する処罰は何も出てない。

また第三章第十四条には次のような条項がある。

国立療養所の長は、学校教育法第七十五条第二項の規定により、小学校中学校が入所患者のため、教員を派遣して教育を行う場合には、政令の定める所により、入所患者がその教育をうけるために必要な措置を講じなければならない

わたしは前の外出の許可のところの、特別の事情ある場合、と、この、教育を受けるために必要な措置を講じなければならない、の二つを合わせて、社会科見学を認める根拠にならないかな、と考える。少し強引なきらいもあるが――。

4　真剣勝負の授業をみる

十一月×日

O分館長より学園統合の話をきく。中学は全国一か所、四国大島の青松園、小学校は全国三か所、全生は残すというのが厚生省の腹案だ。いま子どもの数を調べているが、関東以北は全部集めても、七、

八名ぐらいだろう。その場合先生ひとりでやってもらえるか、と訊く。わたしは、統合ということがほんとに今よりよりよい教育環境を作るためのものなら賛成だが、ご都合主義的に考えてのものなら反対だといい、「いっそ小学校も全生からなくしたらどうですか。やっかい払いになりますよ」と皮肉った。O氏は、いやあまり小さい子をそう遠くにやるのはしのびない、などという。そんなの口先だけだ、厚生省がそういうから、そうしたいのだろう、と信用しない。わたしも人が悪くなる一方らしい。

七、八名になるとすると、何学年にわたるのか、それが問題だ、いくら人数が少なくても、一年から六年までもあったのでは、とてもひとりではやりきれない、派遣教師の増員を教育委員会に交渉してくれ、そうでないと責任がもてない、ともいった。O氏はいやな顔をしていた。

十一月×日

二日間にわたって明星学園の公開授業を参観にいった。

わたしはほとんど無着先生の授業ばかりみていた。

きのうの無着先生には、少し参観人を意識して演技しているのではないか、と思ったりした点があった。子どもたちも少し活発さを欠いているような気がした。

しかし今日は、前日にひきつづいて五年の国語「モンゴル紀行」をみたのだけれど、真剣勝負をしてるな、という感じをもった。無着先生は、からだを前にのり出すようにして子どもたちを見詰め、問いかけてゆく。そこには子どもの内から何かひき出さねばやまぬ、といった迫力が感じられる。全身で問いかけているのを感じる。それは真剣勝負というにふさわしい。無着先生がやや猫背なのも、長い間のこの問いかけの姿勢のせいかしら、と思ったほどだ。

この無着という大兵の挑戦をうけて、三十人の小兵たちは、これまたよく善戦してたと思う。できる子はできる子なりに、できない子はできないなりに。

たとえば、モンゴル語と日本語の関係を、黒板に大きな二つの円を少し重ねて書き、重なった部分を似ている部分、両はしの重ならない部分は違うところ、と説明し、復習のいみでひとりの男の子を指名した。するとその子は、「ウ」という声を出してピクッとからだをふるわせた。虚をつかれたのだ。その子は段落調べの時から何かぼんやりしてなかなか仕事をはじめなかった子だ。

「日本語とモンゴル語はどこがまったく同じなんだ?」無着先生は笑顔でその子を見ている。その子は無着先生の顔をみ返したままことばがでない。四、五十人近い参観人に教室の三方をかこまれている中で、その子は立往生してしまったかっこうだ。泣きだしはしないかな、と思っていると「その重なっているところだよ」と切りぬけた。黒板の画をいっているのだ。それは答になっていない。しかし先生が図を書いておいてくれたので何とかうまく切りぬけられたのだ。無着先生は、ワアッとからだをのけぞらせて頭をかいた。参観人も笑った。

また無着先生が、「人間は田を作るようになってから住居を移さないようになったのはなぜか」と訊いたとき、ひとりの男の子がすぐさま「田んぼは動かないからだよ」と答えた。

「うまいッ。みんなきこえたか。よし、いまのはタイミングがよかったな」

その子が田んぼは動かないからと答えたのは、前日の授業で、遊牧生活とは家畜が移動するにつれて、人間も住居をかえていった生活、ということを話し合いの中ではっきり確めていたのが、生きていたのだと思う。家畜は動く、しかし田んぼは動かないのだ。

そういう真剣勝負といった授業を見つつわたしは、ああ「山びこ学校」はこうして生まれていったのだな、と思わせられた。そして往年の情熱は今も決して失われていない。いったい無着先生のあの体当たり的エネルギーの源泉は何なのだろうと改めて考えさせられた。それとともに、まず健康でなければ先生の資格はないな、と故障をおこしがちの自分が情なくなった。あんな授業を四時間も続けたら、完全に伸びてしまうだろう、いや一時間やってもくたくただろうと思う。

十二月×日

分教室だけの職員会。議題を話し終わったあと、講師の川野さん、波多野さんといろいろ話し合った。

川野さんは、軍隊に入っている時発病し、もう二十年以上も療養生活をしている人だ。理科を教えてもらっているが、よく実験してくれるせいもあって、子どもたちの理科の成績は皆よい。また骨惜しみせず体を動かす人だ。

川野さんは、発病した時は、何度も死のうと思ったが、もしやという思いにじゃまされて死ねなかった。生きてる、というよりは、生かされている、という感じだ。親鸞を信じている。狂信的ではないが、何かことがあると、親鸞がそばにいてくれる、という感じだ、という。どうしてそういうふうに信じられるのか、ときくと、家が浄土真宗で、小さい時から宗教的なふんいきの中で育った、という。

波多野さんはまだ二十代なかばの人だけれど、やはりキリスト教を信じている、という。

何か信じずには、こういう所で生きてはいけない、という。わたしに一番欠けており、わたしが一番ほしいものをこの人たちは持っていそうなのが羨ましい。

若い波多野さんはむろん、川野さんも、病気さえよくなれば、早く退園したい、と考えている。多くの心ある人々は療養所生活に屈辱感と劣等感をもち、退園して自活したいと願っている。

「土方してでも何でもいいから、自分の力で食っていきたいね」と川野さん。

先頃社会復帰したNさんも、一年分ぐらいの生活費しかないが、それでも自分の力で生活してみたい、といっていた。もちろんはっきりした就職のあてもなく、外に出てから探すのだ、という。当分読書も評論を書いたりもできないだろうといっていた。

本来なら、病気になったら、治るまで国の力で療養することに何も屈辱を覚える必要はないはずだ。それは当然国が行なうべき義務であり、国民が要求できる権利といっていい。それがそうでないのは、らい療養所五十年の歴史の重みと、らいに対する社会的偏見の反映と、職員と患者のあり方に、おそらく原因があるのだと思う。

5　挫折の悲しみの中で

一九六二年一月×日

「全生園に来るまでと来てから」という題で作文を書かせた。

わたしは前から子どもたちが、ここでの生活をどう思っているのか知りたかった。だがそれには外での生活との比較が出てくる。いろいろ訊ねることは、彼らの傷あとにふれるようでこわかったし、また、よけいなことをきいて、知らでものことを知らせるようになっては、とのおそれもあったが、思いきって聞いていった。

四年の正夫は、母親が先に入園しており、三年の初めに発病して入園した。「ここは外にいた時より、いろんなものが食べられるからいい。外にいた時は、魚の煮たのと、のりとおしんこぐらいだった。中華そばも食べたことはなかったが、ここへ来て好きになった。肉がたくさん入っていてうまい」と書いている。

五年のさち子は、四年の初めに入園してきて父母といっしょにいる。「友だちが少ないのがさびしいけれど、父母がいるし、姉も時に遊びにくるから、新潟に帰りたいとは思わない。それにここは食物がいい。食パンもここへ来てはじめて食べた。ケーキなども外では食べられなかったが、ここでは時々食べられる」と書いている。

話し合ってから書かせたせいか、ふたりの作文はかなりまとまっていて、白分の考えをともかく出している。ふたりとも知能は低い方だが、やはり伸びる力は持っているのだな、と思わされる。それとともに指導力いかんによっては、もっと伸びるのではないか、と責められもする。

しかし内容には考えさせられる。

まず食生活の貧しさである。それはおそらく多くの農漁村の貧しさなのであろうが。

園の最近の献立は次のようなものだ。

朝　みそ汁、生卵。昼　日本そば、天ぷら。夜　いりどうふ、やきあさり、お浸し。

朝　みそ汁、つけもの。昼　コロッケ、マカロニサラダ。夜、さしみ、つけもの。

栄養士の武田さんの話では、標準カロリーと必要量の栄養素は十分ある、という。

ここの食物はいい、というのはだからつまり、人間として生きるのに必要な食生活のできない人がたくさんいる、ということだ。

次に食物のよいことと関連して、二人とも親がいるせいもあって、ここでの生活をよしと肯定していることだ。千百余名の療養者中、こんなに素朴にここをよしとしているのは、おそらくこの二人だけであろう。これはいったい喜ぶべきことなのか、悲しむべきことなのか。

ともかく二人だけはまだ、外と内との生活の間に断絶感や劣等感を持っていないとみていいのではないか。さち子が少しわからないところがあるけれど、ともかくここからはじめていいのではないか。わたし白身ももっていないものだけれど、彼らが、強い思考力と、柔軟な感性を伸ばせるように協力したいと思う。それはやがて彼らが大きくなって、らいへの社会的偏見にぶつかったとき、(その頃は偏見なぞなくなっているかもしれないが、それを願うが)一つの強力な武器になるはずだ。

六年の勝文の作文はふたりとは違っている、それは次のようなものだ。


全生園に来た時、年は七つだった。

来る前の日の夕方、おかあさんは二階にあがって、仏様にむかって「ナンミョウホウレンゲキョウ、ナンミョウホウレンゲキョウ」といって拝んでいた。

下におりてきた時、ぼくにこういった。

「あした、東京に行こうね」——ぼくにはなんのことかわからなかった。

翌日、ぼくはおかあさんに連れられて家を出た。清瀬駅につくとおかあさんは手をあげてタクシーを呼んだ。ぼくは自動車が迎えに来たのだと思った。まさか全生園に行くとは思わなかった。

園に着くと園長先生がむかえに出て、若竹寮まで案内してくれた。途中、聖公会の横にある温室に、きれいな花が咲いていた。

若竹舎につくと、たくさんの子どもがゾロゾロ出てきた。おかあさんがみんなにあいさつしている時、ぼくは穴から出てくるありを足でつぶしていた。

家の中に上がるとぼくのふとんがあった。おかあさんが寮父さんに「少しですが、何か必要なものを買ってやって下さい」といってお金を渡した。

おかあさんとふとんにはいって昼寝をしたが、夕方頃目をさますと、おかあさんはもうどこにもいなかった。寮父さんの話では、ぼくは非常に泣いたそうだ。そして寮父さんに「泣いたらおかあちゃんが来ないよ」と言われたそうだ。

自分が病気だとわかったのは、おとなや子どもが病気の話をしているのを聞いたからだ。でもぼくは病気のことは何とも思っていない。ただ外の人がいやがるので、いやになるだけだ。

正夫君やさっちゃんは、全生がいいというが、ぼくは外の家の方がいい。

片山さんがぼくのおかあさん代りのようにかわいがって下さっている。小さい時、よく「おばさん、おかしちょうだい」と行ったものだ。

「はじめて全生園に行く時、電車の中で、勝ちゃんといっしょに死んでしまいたかった」と言っていた。それをきいた時、ぼくは恥ずかしいような、悲しいような気持になった。

わたしは勝文が七つのころのことをよくおぼえているので驚いた。すると勝文は「ぼくはいやなことははっきり覚えているんですよ」という。

勝文はまもなく中学だ。小学校のうち退園できるかと思ったがだめだった。でも、中学を終えるまでには退園できるだろうと思う。

二月×日

去年、岡山縣の療養所愛生園の高校（患者のための唯一つの高校）を受験して落ちた中学の杉子が今年はパスした。

去年は男の子二人と杉子の三人が受験し、杉子だけ落ちたのだ。村山先生は、手紙を書いて何とか入れてもらいたいと頼んだが、だめだった。

この一年杉子は中学に来て勉強していた。

去年、合格通知が来た時、村山先生は考えた末、ひとりずつ呼んで「お前落ちたぞ」といったという。すると最初の男の子はとたんにあおくなり、「来年また受けます」といったという。次の子はポロポロ泣きだした。杉子はその場ではわりとけろっとして泣かなかったそうだ。

あとで村山先生はふたりの男の子を呼び、実は合格したことを告げ「ひとりだけ落ちたんだ。お前たちもさっき、落ちた人の気持がよくわかったろう。だから杉子の気持をよく汲んで行動してくれ」といったそうだ。わたしはその村山先生のやり方をなかなかおもしろいと思った。

杉子は自分ひとりだけ落ちたことを知ると、村山先生の前ではひどく泣いたそうだ。村山先生は杉子にフランス人形を画いた油絵の小さい額を呉れた。職員室に数日おいたので、わたしもほしくなったりしたものだ。

患者のための高校なら、何も落とさなくたっていいじゃないか。いく人も落ちていないのだ。それでなくとも普通人とくらべて生きる条件が悪いのだ。全部入れて勉強させてやればいいじゃないか。どうしても成績の悪いものは落第させてもいいだろうし――などと村山先生とよく話し合ったものだった。

杉子はいつか友子が書いていたように朝鮮人である。中学の女の子の中では、頭はよくないが、いちばん無邪気で明るい子だったようだ。

三月×日

風の強い日。午後、子どもたちや川野、波多野先生たちと、野火止用水を見にゆく。植込みの垣根をくぐりぬけて外に出る。垣根はいくら修繕しても、いつもどこかしら、出入りできるくらいにこわされている。いっそのこと何か名目をつけて裏門をちゃんと作ればよいのに、と思う。

垣根の外は麦畑。その向こうは雑木林や森だ。

川野さんは、葉の落ちつくした雑木林の中を行きながら、子どもたちに、冬を越す木の芽や虫のようすなぞを、あれこれ説明している。

雑木林を出ると風がびゅうびゅうと吹き、耳が痛くなる。遠くの空の果ては、砂塵でうす黄色く濁っている。

野火止用水は、草むらや木立の下を、濁りながら底深そうに流れている。しばらく用水路の岸に沿って歩く。

あたりは畑や丘や草むらだけれど、ぼつぼつ家が建ちはじめて宅地に変りつつある。

「先生、この辺に土地買ったらどうだな。丘だから日当りはいいいし、いま買っとくといいよ。まだそう高くねェはずだ」川野さんがすすめる。緑や赤や茶や、さまざまな色どりの小じんまりした住宅が、いかにも平和と幸福の象徴のように、明るい光をうけて静まりかえっているのだ。

「ほんとにこの辺はいいよ。先生悪いこと言わねえから、買うなら今のうちだよ」と重ねていう川野さん。わたしは「そんなお金、どこにあるのよ」と笑っている。

川野さんは自分の希望を語っているのだ。小じんまりしたきれいな家に、少しばかりの庭をもち、好きなバラ・菊・野菜づくりをしたりする生活、それは二十年以上も療養所生活を続けている川野さんのもっともな夢であろう。できれば叶えてあげたいほどだ。

わたしにもそういうささやかな幸福をのぞむ心は強くある。しかしそれと同時に、そういう生活に浸り切ってしまうことへの抵抗も強く感じる。

三月×日

一九六一年度の卒業式。

去年のように底冷えするが、中学の少し大きい教室を使ったので、あのだだっ広い礼拝堂より寒くないし、感じもよい。

去年は会場のことでいやな思いをしたけれど、ことしは、分館長のO氏自ら、来賓を制限して、学校でやってはどうか、といい出してくれたので、こちらも助かった。

紅白の幕を張りめぐらし、花を飾ると、けっこう式場らしくなった。

学事報告で、わたしは学校予算が難行したことをとりあげたが、ともかく学校側の希望がだいたい叶えられ、中古ながらテレビも専用のものが来、地図類も購入され、子どもたちに一日一合のミルク配給も実施されている。来年度も学校予算については、ぜひ要求をきいてほしいといった。(このわたしの喜びは、あとで裏切られるのだが)。予算が難行したことをいった時、園長はイヤな顔をしていたそうだ。ほんとはわたしはもっと強く園当局を批判したいのだけれど、教育委員会、町役場あたりからも来ているし、園側が反論できない場所で、きついことをいうのは、一方的のようで気がひけ、だいぶひかえたつもりなのだ。

卒業生は、小学校は勝文ひとり。中学は夏子ひとり。

勝文の答辞は、よくいたずらして、舎でも学校でも叱られたこと、理科が好きで、気象観測を三年間も続け、それは当園のお医者さんの研究の資料にも役立っていることなぞを述べたものだった。

中学の夏子の答辞は型やぶりだった。その全文は次の通りである。

小学一年から、この中学を卒業する九年間、わたしには長いようにも思えるし、短かくも感じる。こんな気持はだれでももつ平凡なものかもしれない。わたしもその当りまえの気持にいまなろうとしているのだ。

また一方では、自分が卒業するなぞとは思えず、わたしとは別のわたしが卒業してゆくような気持だ。これからわたしはどうしてゆけばよいのかという不安だけが、強い実感としていまわたしの胸の中にある。みんなの胸は、夢や希望でふくらんでいることだろう。わたしには夢もなく、希望もない。ただ不安だけが雲のようにわき上がってくるだけなのだ。

わたしにも夢はあった。幼いころ、それもいま思うとバカバカしくなるような夢が。でもあのころのわたしにとって、その夢はわたしを慰めてくれる唯一つの宝物でもあった。

わたしは小さい時病気になって、療養にはいったため、友だちには恵まれていない。療養所の数少ない子どもの中でも一ばん小さかったわたしは、ひとりぼっちの時が多かった。みんなが学校にいったあと、つまらないので、踊りが好きだったわたしは、いたずらにひとりで踊ったりして、みんなが学校から帰ってくるのを待ったりしたものだった。

そんなわたしが小学一年生になったある日、療養所で、バレエ映画「白鳥の湖」が上映された。わたしのあこがれていたバレエが、本の中でしか見ることのできなかったバレエが、映画でみることができる、わたしの心は弾んだ。

映画「白鳥の湖」は、静かな森のシーンからはじまった。王女オデットが魔法にかけられ、白鳥となってしまう。お付きの人もやはり王女と同じ姿にされてしまう話が、美しい森と湖の背景の中で、柔かい音楽にのって、人のからだとは思えぬ優雅な、流れるような踊りの表現で展開されてゆく。まるでおとぎの国にでもいるような気持だ。この映画が、いつまでもいつまでもつづいてくれたら、とどんなに思ったことだろう。

場面は変わり、話は進んで、やがて最後の場面、王子の強い愛情によって、王女たちの魔法はとけ、幸福そうな王子と王女の踊りで幕は下りた。映画が終ってもわたしの心はたかぶっていた。「白鳥の湖」の一つ一つのシーンが眼に焼きついてしまって、いつまでも消えない。それは八年をすぎた今でも思い出すことができる。あの時のわたしのたかぶった気持がよみがえってくるように。

わたしも舞台に立って踊ってみたい。その時のわたしには、舞台が人間界とは別な世界のように思えた。そこには何のえんりょも、気づまりもないにちがいない。そんな所で思う存分自分を吐き出してみたい。泉のほとりであの王子様と王女様がいっしょに踊るのは、何とすてきだろう――わたしはそんな夢のようなことを描きはじめた。おとなから「バレリーナになるには、なみたいていのことではないよ」と聞かされたが、わたしは、苦労を重ねるのだから、あれほど感動させるのだ、と思い、よけい憧れてしまった。

それから退園して、一年足らずで、ふたたび発病したわたしは、バレリーナになるなんて、とんでもない夢だと気づき出した。こんな夢を描いている自分がおかしくなってきた。いつ退園できるかわからない病気。もし退園しても、今のわたしのようにまた入園するかもしれないのに、なんでバレリーナになれる可能性があろう。たとえ夢であろうと、バレリーナになった自分を想像している自分がいやになってきた。それからそんなバレリーナへの夢は、わたしの中から消えていった。今ではバレエをみても、美しいな、きれいだな、と思うだけで、自分が王女様になってしまうようなことはない。あの頃はむじゃきだったなァと、ひとり思い出し笑いをする。

今はだからわたしには夢がない。だがわたしは、自分の生きがいのある人生がほしい。生きている、ということを自分自身で味わってみたい。そして社会人として精いっぱい働いてみたいのだ。療養所のように垣根のない自由な世界で、自分が生きていることを確めてみたいのだ。愛生園の高校などに行きたくはない。もうこれ以上囲いのある生活はしたくない。できるものなら早く退園し、この十年の空白を埋めたい。

このわたしの願いを夢といえるなら、わたしは夢を持っているのだ。わたしはその夢に対してすべてを賭けよう。その夢を自分の手にとってみることができるように。この夢こそはたいせつに扱いたい――。

わたしがかげで、ミス・全生と呼んでいるきりょうよしの夏子は、紺の上着の両肩に、長い豊かなお下げ髪を垂らし、頭をやや右にかしげるようにして、落ちついて読んでいた。

聞きながらわたしは目頭が熱くなってきて困った。こんな答辞を聞かされようとは思わなかった。そこにはありきたりの来賓や教師への謝辞なぞは何もない。挫折の悲しみと、まだ弱いながら、それをのりこえてゆこうとする意志が語られているだけだ。多分に感傷的でもあるし、病者の暗さもある。けれど事実の重みが、単に感傷や暗さとして斥けられぬものを訴えかけてくる。とにかく彼女は、自分の一番いいたいことをいったのだ。いいたいことを表現する力を持っているのだ。これだけ表現できる子なのに、成績は中以下ときいていた。勉強する意欲を失っていたのであろう。

わたしは、去年の五月、ＮＨＫが来た時の一見ふまじめな態度や、楽しみは、ときかれて、遊ぶことと寝ることです、なぞと答えたりした彼女を思い出していた。そういう彼女をたんにひねくれ、とみていたのだけれど、彼女は案外、事実を語っていたのだ、と自分の浅見を反省させられた。

また、学校では、朝などわたしをみかけると必ず「お早ようございます」と朗らかにあいさつしたり、友子や上級生たちとよく頓狂な声をあげて騒ぎ合っていた夏子をも思い出していた。それもたしかに夏子の一面であろう。しかしもう一面には、まじめに挫折の悲しみを乗りこえようとしているところももっているのだ。

わたしは自分の十七、八の頃を、師範時代を思い出していた。友だちといっしょだったり、学校にいる間は、少しのことでも笑いころげ、傍若無人にふざけ合ったりしながら、ひとりになると、町の中なぞ、頭を上げては歩けぬほどの失望や劣等感に悩まされ、苦しんでいた自分を。(わたしの涙は、案外そんな自分を思い出させられてのものだったかもしれないのだが)

自分の心の病根を摘発すること。そしてそれが社会や政治のあり方とどう関係しているか、それがとくにここにいる人たちにとって必要なことであるとすれば、夏子は立派にその一段階をふんでいるのだ。中学三年の教育で。そしてそうすることによって自分の出発点をともかく見出しているのだ。

だが、療養所の垣根は越えられても、社会に出れば、またそこには有形無形のあまたの垣根のあることに気づかせられるだろう。そしてそれらがどこからくるか、そこまで追求していってほしいものだ。

夏子よ、がんばれ、がんばれ、とせめて精いっぱいの声援を送りたい気持だ。

《卒業後間もなく退園した夏子は、今は兄のやっている店で働いているらしい。よく日曜日には百合舎に遊びにくるらしく、陽子やさち子の日記には、「夏子おねえちゃん」の来たことを喜ぶようすが書いてある。しばしばここへ来るということは、逆に考えれば、外に出ても孤独で友だちができないせいかとも思うが》

三月×日

中学の文集「青い芽」を読む。沢井等《ひとし》が次のような作文を書いている。二年生で去年の五月ＮＨＫが来たとき、将来、電気関係の仕事がしたい、と答えた子だ。

ぼくの将来

あと一年間で義務教育も終りである。終ったら進学か、自分の選ぶ職業の道を進むことになる。ところがぼくはそうではない。進学も、進む道もないのである。

小学校時代はあった。大きな希望を持っていた。電気関係の道を進み、技師になるつもりであった。それでお金をたくさんためて、アラスカやアフリカなど、未開発の土地にいって工場を作ったり、世界旅行にいってみたい気持でいっぱいだった。だから小学校の頃は理科が好きだった。学校も楽しく、いやなことがあってもすぐ忘れてしまう。それに小さい頃からみんなより体格がよく、それだけに荒っぽいことが好きで、体育の実技は得意だから、スポーツなぞしているといやなことは忘れてしまった。

とにかく未来への希望と夢で、胸がふくらんでいた。そういう希望をもって中学に進学してきた。新しい学科の英語なぞうんとやってやろうという気持でいっぱいだった。中学生になってから今までの希望を少しずつ実行に移してゆくつもりだった。それゆえに希望は自分の中で大きくふくらんでいた。

ところがいざ入ってみると、今まで自分が想像していた中学とは全然ちがっていた。それでも一学期はがんばるぞと誓ってみた。が、成長するにつれて自分の置かれている環境が、どんなものかいろんなことを知ってくると、それまでの意気ごみもあやしくなってくるのだった。そんな夢や希望をもっていた自分の考えが甘かったことがわかってきた。

ぼくが赤ん坊の頃に父は死んでしまい、母も療養所に来てしまった。それも後になって知ったことだ。小さい頃から両親と暮した記憶は全然ない。三年上の兄貴とともにおばあちゃんによって育てられた。生まれた家は近所でもちょっとした良い家であったが、そこでの社会生活も小学校二年までだった。兄貴とぼくは発病してこの療養所に来てしまったのだ。でもその時は、療養所に来たとは思わなかった。同じ家が何軒も並んでいて、庭の一つ一つに池があるのに驚いて、変なところに引越してきたものだと思った記憶がある。自分がらいと言う恐ろしい病気になったことも知っているはずがない。知ったのはずーっと後になってからである。

療養所では食うことの心配はいらない。ただ学校へ行っているだけでお金もくれる。少しだが——。着る物もくれる。それだけに人間がイカレちゃう。

療養所は垣根があってそこから外に出てはだめ。自由に遊びにいけない。それに共同生活だ。おとなは、今の生活が大きくなって社会に出てから役に立つという。ぼくもそう思うが、全部が全部良いとは思えない。不満やいやなことがあっても、共同生活では言うこともできない。

学校の先生がすぐ代わってしまうことも、同じ数学なら数学でも数え方が違ってしまうから、生徒の方は分らなくなってしまう。先生どうしの間での考えもまちまちである。たとえば協調精神ということを教えられても、先生方のなさることがまちまちだから分らなくなってしまう。ほこりで汚れた朝なぞ、先生方といっしょに掃除をしていても、授業を急がれる先生もおられる。研究発表会の工作なぞも、手伝って下さる先生と、そうでない先生とがおられる、というわけである。ほんとうの協調とはどういうことなのかわからなくなってしまう。

ぼくの兄貴は中学校を出て、一年間浪人したのだが将来への道はある。現在、退園して建築技師を目指して、昼間働き、夜の定時制高校にいっている。兄貴は希望をもって一日一日を送っている。それなのに自分は世の中のいろんなことを知るにつれて夢も消えてゆく。中学一年の終り頃には夢は完全に消えてしまった。と同時に、夢を実現させる基礎作りだった全教科への学習の意欲も消えてしまった。小さい頃からの希望があまりにも大きかったために、がっかりしたのも大きく、心の中に大きな穴があいた感じだった。そんな状態で中学一年は終ってしまった。だから成績も良くなかった。家でさんざん怒られた。それでよけいいやになった。

ぼくは短気な性格らしい。新しい二年生になって先生からも親からも、中学は二年が一番大事だから、しっかりやりなさい、と言われると、それは自分でも百も承知だ、と反抗したくなる。勉強なんかやるものか、と一度思ったら最後、もうどんなことがあってもだめだ。実際このころは、何かというとすぐ反抗したくなる。こんなぼくたちの年ごろを反抗期だと本に書いてあった。

ところが二年の一学期の終りころから、また小学校時代の夢を描くようになった。それで今度は自分の環境や条件にむりでないように希望は小さく、ラジオかテレビの修理ぐらいできればよい、ということにした。ちょっとつまらない気持もしたが、それでもだんだん将来への足がかりをつけることにした。

それ以来、電気関係の参考書を買うために少しずつお金を貯める気持になった。冬休みはそのためにアルバイトしようと思ったが、これはだめになった。それに成績が悪かったのでまた怒られた。おもしろくないことが二つも重なったので、せっかくの小さな希望も、勉強しようという意欲も完全にふっとんでしまった。それからは夢もなければ希望もない。何をしても楽しくもおもしろくもなくなってしまった。

でもそれは心の中だけである。表面ではいつもなるべくその気持を出すまいと朗らかにしているつもりだ。隠し切れないときは自分でもわかるくらい他人にたてつく。注意されるとよけい頭にきちゃう。いやなことがあればカッとなってしまう。けれどもこういうことが絶えずあるわけではない。自分では少しのつもりである。だから心で泣いて顔で笑う、というのがこのところ続いた。このことは親でも先生でも誰でも知らないことである。こういう悩みが次々と重なってぼくの心はひねくれてしまった。

　小学校六年の時にもこんな気持になったことがある。その時はちょっとした失敗をして、父兄会でぼくのことが話し合われたらしい。家に帰って相当叱られた。小学生なのにマセている、と言われた。自分はそんなつもりでやったのではない、誤解されては困ると思ったが、すでに遅かった。それ以来おとなはいつもぼくを監視しているように思えてならなかった。するとよけいにぼくは変なことをやってやろうという気になる。心がひねくれてしまったのはそのころかららしい。最初の頃はよかった。中学生、というと自然に身がひきしまるような感じがし、何よりも夢があった。今は勉強しよう、しなければならない、と思っても身がはいらない。ただそう思うだけである。たとえば英語の辞書をひくときなぞ、調べる単語より先に目に触れた、おもしろそうな語句に興味をもってしまう。それからどんどん空想を描いてしまう。難問にぶつかったとき、つまらない時など、違うことを考えたり、空想したりしてしまう。ぼくは空想が大好きだ。映画でも、小説でも空想的な内容のものが大好きだ。

　毎日の生活は同じことをくり返しているにすぎない。朝起きて掃除して、ご飯を食って、学校に行って、昼食に帰ってきて、午後の勉強をして、学校の掃除、週番日誌か学校日誌かのどちらかを書く。舎に帰り、掃除をして、夕食を食って、風呂に入って、少しの自由時間で勉強して、八時から九時までテレビを見て、九時から十一時頃まで勉強かほかの本を読んで眠る。それも静かにしてだ。小学生の二人が九時から眠るからだ。こんなことを毎日くり返している。たまの日曜日にピンポンをやるか、少年舎の作業をやるくらいが変わったことである。こんなことをやっていてよく飽きないものだと思う。すっかり身についた習慣になってしまったらしい。

それに週二度くらいの割合で映画がある。子どもにとってよくない映画が来た時には行けない。けれども楽しみといえば、この映画ぐらいのものである。それにぼくはもとから映画が好きである。外出などすると映画ばかり見ている。ということはふだん娯楽があまりにも少なく、映画ぐらいが楽しみなので、いやでも好きになってしまうのだ。だが園にはあまりよい映画が来ない。こういう面からも、早く退園したいという希望を、ぼくだけでなく、子どもはみんな持っている。こんなことが退園の希望だなんてちょっと情ない気もするが、事実だからしかたがない。

またこういう所にいると、自由なことができないで、まるでお坊っちゃんみたいな感じだ。言葉づかいは実にていねいである。ちょっとオーバーなことをすると「生意気だ」「ませてる」とすぐおとなからお説教をうける。一般に子どもはこんなものではない。言葉づかいも「おめえ、てめえ、おい、よオ、オス、いかねえか」といった調子で、ザックバランに会話をしている。その方が友達関係にもぐっと親しさが増すと思う。それが普通の言葉づかいである。ここの子どもも、もう少し自由に、気楽に、楽しくやった方がよいと思う。

今、ぼくの心は鉛色をしていて、糸がもつれ合っている時と同じ状態になっている。この糸は当分解けそうもない。だがこんな状態がいつまでも続くのは、自分としてもやりきれない。でもほぐす最初の糸口がみつからない。それゆえ勉強にも身が入らない。それだけにミスも多い。普通の人と同じミスでも、自分の方がよけいに怒られる。他の人はそのミスだけ叱られるが、ぼくは前のことなぞまで持ち出して叱られる。叱る方は言うことが山ほどあるので、いい気なもんだが、叱られる方はよけい頭にきちゃう。

これまで書いてきたように、将来の自分について考えると、どうしてよいかわからなくなってしまう。これを読んだ人は「そんな大事なことを、なぜもっと早く、先生か両親に相談しなかったのか」と思うにちがいない。「今さらギャアギャアいうのは自分が悪い」とたいていの人が思うにきまっている。でもそれは違います。このような作文を書くつもりはなかったのです。現在ぼくの夢や希望は完全につぶされてしまっているのだ。作文を書いたところでどうにもならない。ところが文集を出すので学校でいくつかの作文を書かされた。書いて先生にみせたら、「だめだ、書き直しだ」と言われたので、せっかく書いた人の苦労もしらないで、もう書いてやるものか、と思った。

ある夜、学校で先生と話した時、先生が「なぜ勉強に熱がはいらないのか、なぜすぐに反抗したくなるのか、黙ったままでは自分が誤解されっぱなしで損だ。そんな自分の気持を作文に書いて、文集に載せてみないか、まわりの人達の君に対する見方も変わるかもしれない」とすすめられた。「心のなかのもやもやをいつまでもそのままにしておいたら、いつかは爆発してしまう。心の悩みを作文に書くことによって、もつれが解ける糸口がみつかるかもしれない」と言われたので、この作文を書いたのです。

こんなことを書くのは、生まれてはじめてである。

わたしはまず十四ぐらいの子が、よくこれほど自分の気持を書いたな、と感心した。しかもそれはたんに自分の気持を書いた、なぞというものではない。一種のはやりことばでいえば、疎外状況を、病気や自分の気の弱さなどという性格的なものからもくるとはいえ、夢も希望も失って、毎日の単調な生活を味気なく送っている一人の人間の疎外状況を、よくこれほどまでに捉えたな、と思う。この疎外状況は単に彼ひとりのものでなく、現代の特徴的、一般的状況でもあるのだ。それがこの閉ざされた園に住む彼の場合は、外の社会の人より早く、強く意識されているのだ。

同じ挫折を書きながらも、卒業していった夏子のものに比較すれば、夏子のものにみられた情感的独白はなく、やや乾いた嘆きと抗議が感じられる。

また夏子のものには、挫折の原因がいちおう明瞭に書かれているのに対して、彼の場合は、挫折・幻滅の過程が必ずしも具体的には書かれていない。たとえば中学にはいってどんなことで幻滅を感じたのか。いろんなことを知るにつれ、というそのいろんなことの具体的な内容は何か、ということは、はっきりは書かれていない。あるいは書かなかったのかもしれないが——。

ふたりの大きな違いは、ともに挫折の悩みを書きながらも、夏子の場合は、弱くはあってもそれをのりこえてゆこうとする意志と現実的可能性（外に出て働く）が感じられるが、等の場合は、まだ二年生という条件もあろうが、将来への展望は閉ざされたままに終わっているということだ。

彼も書いている通り、書いたからといってすぐ希望の糸口がみつかるわけではあるまい。けれど、そういう閉鎖されていた自分を、書くことによって少しでも明るみへ出そうとしたことは大いに評価すべきだと思う。やはりそれがまず必要なのだと思う。それに何といっても等は若い。卒業するころになればまた考えも変わるだろうと思う。

夏子も等も、直接には国語の比良野講師の指導で書かされたらしい。わたしはそういう比良野さんの指導力を高く評価するとともに、こういう子どもを教育せねばならぬ中学の先生たちのむずかしさと努力を、あらためて感じさせられた。

あとできいたことだが、この等の作文は、職員たちにもよいいみでショックだったらしい。文集に果たして載せるべきかどうか、かなり話し合われたという。職員たちは高く評価しても、周囲がどううけとるかを考慮したためらしい。けっきょく発表したわけだが、予想外に強い反響が表われたという。とくに身近にいる人たちから。それらの人々はこんなことを考えていたのかとびっくりさせられたり、自分たちへの抗議や批判とうけとったりしたらしいという。それ以後、等は、あまり自分が注目され、身近の人々の自分への態度が変わってきたので、書いたことを後悔し、もうああいう作文は書かない、と言っているという。そういうむずかしさがここにはある。

わたしが直接には関係のない中学生の、しかもそういう問題作を、より多くの人々の目にふれさせることは、またさまざまな問題をよびおこすことになるかもしれない。

しかし等の作文を読んだ時、わたしはある感動を覚えたし、またここにはらい者の精神生活が意識する、しないにかかわらず、かなり典型的に描写されているのではないか、と思った。わたしが少しでもここの真実を書きたいと思うならば、すぐにはここの人たちのためにならなくともやはりとりあげたい。それにもしそれが真実であるならば、理解してくれる人は必ずいるし、それは決して少なくないはずだと思う。真実は壁を通して、ということを信じたい。

また等の提出している問題は、先にも書いたように、ここの人たちだけの問題ではない、もっと一般性のある問題だと思うし、正直にいってわたし自身の問題につらなるものでもある。

以上のような視点から、わたしはあえて取りあげてみた。

註４　「能力と発達と学習」（勝田守一著）より「人間の環境としての宇宙―超絶した存在として、情感的な一体感でそこへ融和していくほか人間的意味をもちえないものであった―右の文章の後半は歴史的に組織してきた知識―の発展と、そしてなによりも宇宙船を製作し、操縦する技術とその労働の組織が、宇宙という人間の環境を変革しつつあることを意味している。―宇宙の環境を『無限の不可解』から『無限の可能』へと転じさせてきたのだ」

第三年度の記録

1　入園する子、退園する子

四月×日

新学期になってはじめて作文を書かせた時、発病して新しく入園した三年の陽子は、「おかあさんと別れたこと」という題で書いた。たどたどしい文だったけれど、おもしろいところがあるので、わたしは順序を追って詳しく問答してゆき、書き直させた。尋ねてゆくと、よくその時の自分の心理や状況を想起するし、それがなかなかおもしろい。はじめは一枚だったのが、四時間ばかりかかってきょう書き終わったら四枚に伸びた。

おかあさんと別れたこと

3月26日の朝、すこし雨がふっていました。朝ごはんの時、おかあさんが「おかあさんの知っている食どうのおじさんから手紙が来て、子どもがほしいといっているよ。だれをやろうかな、あ、陽子がいい」といいました。わたしは何のことかわかりませんでした。けれどおかあさんは、出かけるよういをしてしまいました。わたしも赤いようふくをきました。なんだかへんだから「おかあさん、どこへいくの」とききました。「東京の食どうのおじさんのところへ行くんだよ」とおかあさんがいいました。食どうときいてわたしはうれしくなりました。なにかおいしいものを食べられると思ったのです。でも雨がふっているので「いやだなァ」というと、おかあさんが「もう車を頼んでしまったからだめだよ」といいました。

　大きいハイヤーが来ました。おかあさん、礼子おねえさん、わたしがのりました。よそのおじさんものっていました。そのおじさんにおかあさんが「東京まで何時間かかりますか」とききました。おじさんは「3時間半ぐらいかかります」といいました。

　わたしはおなかのぐあいが悪かったので、朝ごはんを食べませんでした。車の中でもおなかがぐずぐずいっていました。そのうちわたしはおかあさんによりかかってねむってしまいました。目がさめてはねむり、目がさめてはねむりしたので、かぜをひいてしまいました。

　クワーッと音がして目がさめました。おかあさんに「ここどこ」とききました。おかあさんが「ここはびょういん」といったのでおどろいてしまいました。おかあさんは、わたしをだましてつれてきた、と思いましたが、よそのおじさんがいたのでだまっていました。

　ゆりしゃのげんかんに来ました。おかあさんが「陽子はここに入ってたむしをなおすんだよ」といいました。たむしがなおるならいい、と思いました。わたしのたむしは、右足と右の手と右のあごに三つできていました。その三つのところは、針でさしてもいたくないのです。

礼子ねえちゃんとわたしはゆりしゃに上りました。おかあさんは上がらず、ゆりしゃのおかあさん（寮母のこと）に「どうぞよろしくおねがいします」といってなみだをこぼしました。ポケットからガーゼのハンカチを出してなみだをふきました。わたしは心の中で、みんながいるのにないたりして、はずかしくないのかな、と思いました。

わたしの目にもなみだがたまっていましたがこぼれませんでした。

おかあさんと礼子ねえちゃんはすぐ帰ってしまいました。わたしもいっしょに帰りたかったけれど、ゆりしゃに上がってしまったから、もうだめだ、と思いました。

わたしはようふくをきがえて、ゆりしゃのおかあさんといっしょに、わかたけしゃにあいさつにいきました。

ゆりしゃには、きぬこおねえちゃん、まさこおねえちゃん、夏子おねえちゃん、さち子おねえちゃんがいました。

夜、みんなで、にたじゃがいもを食べました。おいしくて三つも食べました。

こんな小さな子が、こんなにまわりに気をつかったり、考えたり、あきらめたりしているのか、と驚いたりふびんになったりする。しかもなかなかしぶといものも持っているようだ。

陽子は時々女の子らしからぬ太い低い声を出して、ア、ハ、ハ、ハ、ハと笑う。それがかえって魅力的でもある。おもしろい子がはいってきた、とわたしは喜んでいる。

陽子の作文は、母親におくってやろうと思っている、陽子がみんなからかわいがられて元気でいることを書きそえて――。

四月×日

夜六時すぎ、ひとりの夕食をすませ、机に向かっていると「鈴木先生」と呼ぶ声がする。ドアをあけると、暗がりに勝文ともうひとりの男の子が立っている。わたしは少しびっくりした。あすから中学の新学期がはじまるので、帰省していたのがもどってきたらしい。

「先生、ずいぶんさがしたよ、わかんなくて」勝文はハアハアいっている。

「そうお、それはご苦労さま。まァはいんなさいよ」というと

「いいえ、もう遅いからすぐ舎に帰ります。兄もいっしょですから」という。

「ともかくちょっと上がりなさいよ。そこじゃ話ができないから」というと、勝文は狭い上がりがまちに腰を下ろし、ボストンバッグの中から包み紙の品をとり出した。

「これ、家からよこしました」という。わたしが中学入学のお祝いに万年筆を贈ったのでそのお返しのつもりなのだろう。しょうがないな、とちょっとわたしは当惑する。勝文の頬は真赤に上気している。よほどあわてて捜しまわったのだろう。

「そんな心配しなくていいのに、さ、ちゃんと上がりなさいよ、夕飯はまだ？　おすしでもとってあげようか」わたしは心からすすめた。もはや彼らをへやに上げるのに何のためらいも感じてはいなかった。しかしいくらすすめても勝文は上がろうとしない。逃げるように帰りを急いでいる。やはりえんりょしているのだ。

「じゃ、そのうちゆっくりいらっしゃいね。道はわかったろうから」

勝文兄弟はとうとう帰ってしまった。わたしは一抹のさびしさを感じた。

おみやげは、赤いかん入りの落花生せんべいだった。わたしはさっそくパクついた。おいしかった。

《しばらくたって、町でA新聞配達の学生さんに会ったら、「この間子どもが先生んとこにいったでしょう。あの子ずいぶん方々の店を聞き歩いたらしいですよ。やっと新聞屋で聞けといわれてうちへ来たらしいですよ。何いってんのか、はじめはよくわからなかった」といっていた》

四月×日

しろじろとあちこちの地面を埋めている吉野ざくらが消え果てぬままに、八重のさとざくらが咲き出した。

正夫の退園がきょう正式に決定した。前からわかっていたことだが、正夫は喜んでいる。日記にもずっと前から「――寮父さんが『この子はもうじき退園するんです――』なぞとほかの人にいっているのをきくと、ずいぶんうれしくなる――」なぞと書いていた。ここにいることの意味がだんだんわかりかけてきたのだろう。

休み時間窓べで

「正夫君、退園が決まってよかったね」というと、「うん」といい、つづけて「食べ物は悪くなるけどね」という。四か月ほど前までは正夫は、いろんなものが食べられるからここはいい、といっていたのだ。わたしは笑い出しながら、

「食べ物には替えられないものね。向こうの学校へいってもがんばりなさいよ。成績がよくなってきたとこだから」という。「うん、こんどは勉強するよ。前はちっともしなかったからね」「日記もつづけて書きなさいね。正夫君の日記見られなくなって残念だな。とっても楽しみにしてたんだけどな。ことに勝ちゃんとのけんかはよく書けてたもんね」「うん」

退園のお祝いに何か贈ってあげようと思う。机の上に投げ出されている手さげカバンが目にはいる。それは誰かのお譲りもので、だいぶイカれているので、それにしようかと思う。

四月×日

三年の国語に「金色の魚」という物語がのっている。プーシキン原作というが、次のような筋だ。

『貧乏な漁師が金色の魚を釣り上げる。魚は、何でも望みを叶えてやるから逃がしてくれ、という。漁師は何もいらない、といって逃がしてやる。しかしばあさんに次々と欲しいものをいいつけられ、しまいにばあさんは、海の神になって金色の魚を家来にしたい、といったところ、海は大暴風雨となり、

ばあさんはまたもとの貧乏なくらしにもどされてしまった』という話である。

いろいろ問題にできる作品だと思ったが、まず陽子に「もし陽子ちゃんが、金色の魚に、何でも欲しいものをあげる、といわれたらどうする？　おじいさんのように何もいらないっていう？」ときくと「先生お魚が口なんかきかないよ。人間がはいってんでしょ」なぞという。これでは質問を外らされてしまう。笑い出しながらもわたしは「じゃお魚でなくともいいや。誰かが陽子ちゃんにそういったら何と答える？　おじいさんのように、何もいらないという？」というと、「うん」という。わたしはさらに「ほんとうにそういえるかな。だって欲しいものはたくさんあるでしょ。こんな時、ほんとうに断われるかな」すると陽子は「ほんとは欲しいけど、悪いでしょ」という。えんりょするというわけだ。「じゃ、何がいちばん欲しい？」ときくと「いのち」と少し叫ぶようにいう。ちょっとびっくりした。「陽子ちゃん、病気したことあるの？」ときくと「うん、陽子ね、何べんも熱出したよ。うーんて（と両手をあげて苦しむ様子をする）やるでしょ、おかあさんがとっても心配したって。陽子死にたくないもの。いのちがなかったらおしまいだものね」という。こんな小さな子がすでに死への恐怖を知っている、と少し胸が痛い。

「じゃ、あと何がほしい？」ときくと、

「お金」とそくざにいう。「何でも（と力をこめていう）お金がなきゃ買えないでしょ。洋服だって、お菓子だって何だってお金でしょ」という。まさにその通り、とわたしはぐっとつまってしまった。すると「先生は？」と逆襲してきた。わたしの一番欲しいものは何か、とっさにわたしは答えられない。しかしほんとうは陽子のようにいのちかもしれない。始終具合が悪く、また自分以外に何もないようなわたしにとって何よりも大事なもの、それはやはりいのちということばで表現するのがいちばんぴったりしているようだ。陽子がいのち、というとき、それは素朴に共感できる。しかし自分がそんな答しかできないということには嫌悪感が走る。

しかし陽子の逆襲には反省させられた。職業がら、相手に訊くことに馴れてしまって、自分自身の考えもはっきりさせずに、無責任な質問をすることが多いようだ。

2　日記をつけさせる

五月×日

二校時目の休み時間は二十分あって、その間に子どもたちは気象観測や治療にゆくことになっている。校庭の向うの築山（それは、「望郷が丘」と呼ばれ、故郷をはなれてきた患者たちが作り上げた小高い丘である）の頂上に風向風測計が立っている。五年の正夫がタイムウォッチを首からぶらさげながら観測している。わたしも丘の上までのぼっていった。

五月晴れの明るい日で、風もなく、風向風測計の矢印も針も動かない。

丘の上からはかなり遠くまで見渡せる。西北は園の建物や木立でさえぎられているが、東南ははるかにひらけていて、見渡すかぎり麦畑、森、雑木林の続きである。西南の空にはくっきりと白い富士の姿もみえる。武蔵野のおもかげがいくらかまだ残っているのだ。それらは、四月末頃のあの新芽の白、うす黄、うす茶なぞの多様な色彩を失って、濃い緑一色に染められている。

「しゅんかしゅうとうってずいぶんちがうもんだな」と正夫がひとりごとをいった。

わたしはあっと思った。

一昨年の秋、広い園内を散歩した時の正夫は、いま自分が生きている季節を知らなかった。それがいま、しゅんかしゅうとう、というむずかしいことばを使い、季節の変化を感じている。

「正夫君、ずいぶんむずかしいことばを覚えたのね」といえば彼は「エヘヘ、オホホ」とうれしそうに笑うだろう。だがわたしは何も言わず、いや言えず、しゅんかしゅうとう、といった正夫のことばをくりかえしかみしめていた。

五月×日

昨年度、子どもたちが書いた作文が『多磨』（患者たちが編集している月刊誌）に載り、わたしの分とあわせて七百円ばかりの稿料が入った。二百円ずつ三人に分けてやることにした。

陽子のいるところでさち子に渡したら

「陽子は？」という。あ、悪かったな、と思い、よほど自分のポケットマネーをやろうかと思ったが次のようにいった。

「これはね、さっちゃんたちが去年書いた作文が本に載ったからもらえたお金なのよ。原稿料っていうの。陽子ちゃんのあの『おかあさんと別れたこと』って作文、よくできたからおかあさんのところからもどってきたら、『多磨』って本に載せてもらってあげる。そしたらさっちゃんたちのように原稿料がもらえるからね」

たぶん百円ぐらいはくるだろう、原稿紙四枚ほどだったから。そしたら二百円ぐらいに足してやって、「陽子ちゃん、これはあんたが生まれてはじめて自分で働いてとったお金なのよ。日記にもちゃんと書いておくのよ」といって渡してやろうと思う。

五月×日

正夫が一日早く今日退園していった。

父親が迎えに来たが、農繁期なので一日も泊っていられないという。いかにも野良着を背広に着替えてきたような人だ。

午後になって雨が強く降り出した。園内の樹々の新緑が雨に濡れて美しい下を、傘をさした人々が二、三十人、正門のところまで見送りに集まった。

黒地に金ボタンのついた新しい小倉服を着た正夫は、わたしが退園祝いに贈った手さげカバンをぎっしりふくらませ、しっかりかかえるように右手に持っている。にこりともせずに父親のそばにくっついている。よほど緊張しているのだ。

やがてやってきたバスにわたしと正夫父子はいっしょに乗った。K駅の手前でいつものように降りてしまったが、駅まで送ってゆけばよかったと後悔した。先生意識がそうさせたような気がする。

六月×日

四時間目、寮母の渡辺さんが学校に来て、わたしに話がある、という。ゆうべ、さち子と陽子から「日記など他人に見せるものではないから、書かなくともいいように先生に話してくれ」と頼まれたというのだ。

「そういわれると、わたしも一理あるように思いましてね」と渡辺さん。

去年の二学期頃から、わたしは子どもたちに日記をつけさせて、毎週月曜日に提出させていた。さち子と正夫はとくに読み書きの能力が劣っているので、直接的にはそれを補い、それらを通して自分の感想や意見を持てるようにしたいためにはじめたことだった。事実日記をつけはじめるようになってから、ことに正夫は文法的にも正しく、自分の感情もはっきり書けるようになってきていた。彼は日記に『先生に赤いペンでひひょうを書いてもらうのが楽しみだ』と書くようになっていた。

渡辺さんの話をきいた時、わたしはすぐ、これは中学二年の友子の意見だ、と思った。三人とも舎ではよくいっしょに勉強している。毎日日記を書くということは努力のいることだ。めんどうがっているところに友子の「日記は人に見せるものじゃない」ということばをきいたのだろう。

友子が六年の時、日記を書いている、ときいてわたしは見せられないか、といったことがあった。そして拒否された。「日記は人に見せるものじゃない。自分の苦しみは自分でしまつする。誰にも相談なぞしない」といって。そういう友子の閉鎖性、秘密主義をわたしはついに打破することはできなかった――。

わたしは渡辺さんに、国語能力をつけさせるために書かせていること。日記は他人に云々の考えはおとなのもので、子どもの日記はそれとは性質がちがうこと、そういう自分だけに閉じこもる考え方を打ちやぶりたいこと。困っていることほど、みんなで解決する方向へもっていきたいこと、またわたしに対する意見は直接わたしにいうようにいってくれ、ということなぞを話した。渡辺さんはいちおう納得して帰った。

あとでさち子と陽子を集めて、日記を書かせている理由とその効果の上がっていることを話し、あわせて、二、三年前、読売新聞社の全国小中学生綴方コンクールで第一位に入賞した四年生の女の子の「先生の赤いペン」という作文の話なぞもしてやった。それは一年の時から子どもの日記をみてやって、批評を書いてくれていた先生の赤いペンがなくなったのを悲しんだ一人の女の子が、テストで百点をとるたびに五円ずつ母親から金をもらい、苦心の末先生の誕生日に万年筆と作文を届けた話だ。

そういうように外の子は、作文を書くのと同じ気持で日記を書き、赤いペンの批評を喜んでいること。またそうして一年の時から日記を書いていたからこそ、文部大臣賞をもらえるような立派な作文が書けるようになったこと、わたしも、もう二十年以上も日記を書き続けていること、なぞを話した。

さち子は「わたしは書いた方がいいと思うんだけど、友子ちゃんがそういうでしょ。だからそっちへいっちゃったの」という。陽子はよく書き忘れて（そのかわり書けば感受性の強さや多様さを示しておもしろいのだが）一ばん苦手らしいけれど、話しているうち、にこにこしてきて、「うん、陽子も書く」といってくれた。

「わたしに言いたいことは、じかに言ってね。直接話し合うのが、いちばん話がよくわかるのよ」というとさち子は「だって、友子ちゃんが、言いにくかったら寮母さんに言ってもらえっていうのよ」という。陽子は「だって先生、言いにくいですよ」とませた口をきく。

講師の人たちにもわたしの考えをきいてもらったが、いちおう賛成してくれた。

さち子と陽子の心理は、そう複雑なものではないと思う。しかし友子のことなぞ思い出すとわたしは教師として信頼されていない、という苦さとともに、らい者とそうでない者との間の深い溝のようなもののもちらと感じさせられるのだ。

六月×日

退園してもとの学校へ入学した正夫の担任の先生から手紙が来た。必要な書類をうけとったこと、正夫は、クラスの者にいわせると東京もんになったこと、村山貯水池を訊いたら知らないといったこと、正夫のいた学校はどんなところにあるのか、できたら手紙交換でもしたい、などと書いてあった。

わざわざこんな手紙をくれるのだから、きっといい先生なのだろうと思う。返事を書きたいのだが考えてしまう。いっそのこと事実を話して、先生の胸ひとつにおさめてもらえれば、とも思うが、そうしていいかどうかやはり危険を感じる。（らい予防法上は、患者であること、あったことなどを人にいえば――公的な書類面などは別として――罰されることになっているが）

講師たちの話をきくと、正夫は退園する前、村山貯水池に行っているという。それを知らないといっているのは、親たちに、東京のことはあまり話すなと口止めでもされているのかもしれない。秘密を守っていなければならない正夫が、かわいそうにもなってくる。

六月×日

陽子のことばいくつか。

「陽子ね、時々宿題忘れちゃうの。だって授業中、おかあさん、いつくるのかなァなんて考える時あるでしょ。そうすると先生に何いわれたか忘れちゃってるの」

「陽子、前のおとうさんより、今のおとうさんの方がいい。だって前のおとうさんはね、お酒をうんとのんでくると、おかあさんをすごくぶったりしたの。陽子もぶたれたよ。病気で死んじゃったけどね。今のおとうさんは、お酒のんでもぶったりしないからいいの」

「陽子ね、早くおかあさんになりたい。そしたらうちのおかあさんのように工場へいって働くの。そうすればお金もらえるでしょ」

陽子の話しぶりは少しもしめっぽかったり、深刻ぶったりしていない。いともむじゃきにおしゃべりする。それがかえってこちらの胸を打つ。

3　学校予算は最悪の事態

七月×日

寒暖計は三十度を越している。夏が来たのだ。

子どもたちは健康診断で午前中かかるので、小中合同で職員会をひらき、予算のことで話し合った。きのう分館から、今年度の学校予算は、小中合わせて六千円しか残ってないから、その枠の中でやってくれ、といってきたのだ。

小学校では、五月、子どもたちに毎年与えている学習年鑑二冊分約五百円を請求したのだけれど、予算がない、といって請求書をつっかえされていた。一学期が終わりかけているのに、こんな調子で何ひとつ買えないでいるところに、分館からそんなことをいってきたので、みんな怒ってしまった。

みんなで本館へ押しかけようということになる。全生会の人も呼びにいった。

本館前の渡り廊下にゆき、会計課長に出てきてもらった。立ち話である。

今年はまだ何も買わないのに、六千円しか予算がない、とはどういうことか、と全生会の人が口を切った。

課長は、今年は予算が窮屈だ、調べたらそれしか学校分は残っていない、という。

川野さんが、「去年度の請求で買ったものが、今年度にまわされているのではないか、帳簿をしらべてくれ」といい出した。実際に帳簿をつけている用度係の田口氏が呼ばれて、メモしたものを出した。案の定去年度に請求したもののうち、九千円分ばかりが今年度にまわされているのだ。それとはっきりわかった皆は失望し、怒りを感じ出した。

「何だねこりゃ。去年の請求が今年にこんなにまわってるなんて、会計の責任問題だね。この責任をちゃんととってもらいたいね」川野講師が顔の汗をタオルで拭いながら課長を追求した。

「くどいッ」突然課長は低く吐きすてるようにいうと、事務室の方へさっさといってしまった。皆ちょっとポカンとした。わたしは一瞬課長が何といったのか、よく聞きとれぬほどだった。

全生会の人が川野さんをなだめて、また交渉してみるから、と引き上げをすすめたが、川野先生はきかない。

「いや、ぼくはこのままでは帰られねェね。もっと園の責任ある回答をきかぬうちは帰れねェね。園長を呼んでもらおう」という。

園長が出てきた。川野先生は、

「何だってマ、せっかく話し合いに来たのに、会計課長はくどいッてはねつけるんですからね。どうしようもねエですよ。園長さん何とかして下さいよ」という。もう七十すぎの小柄な園長は、にこにこしながらも、時々細い目を鋭く走らせながら、人々を見回わしている。

改めて全生会の人が園長に学校予算のことを話す。園長は「マ、園も予算が少なくて、いろいろ困っとるようじゃが、わたしからもよく事情をきいて、何とかするようにしましょう」という。

園長のことばに納得したわけではないが、仕様がないので引き上げる。道々、会計課長の「くどいッ」といったことばが話題になる。

「いいもんだな、会計課長なんて、自分の責任を追求されると、くどいッていってひっこめばいいんだからな」

「くどいッ、ぶれい者、下りおろうってとこだな。殿様だな」

皆、口々に「くどいッ」といってみては笑っている。直接いわれた川野先生はだいぶ頭に来たらしい。

いったい今年の学校予算はどうなるのか。生徒ひとり当たり年三千五百円の教材費以外は出ないことになりそうだ。

七月×日

あさってから夏休みなので、きょうは父兄会をひらく。集まったのは、さち子の実母と寮母の渡辺さんのふたり。

陽子のことが話題となり、渡辺さんが、寮にいる時の陽子についていろいろ話す。

入園した時は、ほとんど着のみ着のままで来たが、ここへ来ておさがりやもらいものでだいぶ洋服がふえたこと、すると元来おしゃれ者らしく、午前と午後では洋服を着がえようとする。体操のトレパンにもアイロンをかけてくれ、という。

また、よく人をみる。ある人の所へゆくときは、ちゃんと鏡をみてみなりを整えて出かける。病気が重く、醜くなった人に対しては、はっきり嫌悪感を示す。

みんなから陽子ちゃん陽子ちゃんといって甘やかされ、かわいがられる。たしかにかわいいのだけれど、それで少しわがままになってしまい、わたしが注意すると、すぐ叱られた、ととり、ふくれたり、八つ当たりしたりする。何しろ注意するのはわたしひとりなので、憎まれ役を心ならずもつとめることになってしまう。勉強も、そばについていてやらないとなかなかしない。小さい子を扱ったことのないわたしは、どうしたらいいのかと時々迷ってしまう——渡辺さんは人の子を指導せねばならぬ苦労をいろいろという。

また渡辺さんは、母親に手紙を出して、夏休みには陽子を迎えに来てくれと頼んであるけどまだ返事が来ない。休みになると皆帰省するし、さち子も姉がくるので、父母のいる舎にいってしまい、百合舎にはよりつかなくなる。陽子ひとりになってはかわいそうなので、いつ迎えに来てくれるのかと心配している、という。

わたしもすぐ速達でも出そう、といった。

七月×日

夏休みにはいった。学校予算は最悪の事態にたちいたったようなので、わたしと村山先生は厚生省に出かけ、担当官にジキソすることにした。

栄養士の武田さんに、学校予算のことを話したら、厚生省へいって話してみなさい、とチエづけられたのだ。武田さんも、包丁なぞの道具が古くなって使えなくなったのに金が出ないので、ジキソにいったところが金が出た、というのだ。

日比谷図書館で待ち合わせて、厚生省にいった。役人なんて、またえばっているんじゃないかな、と思ってたのだが、係りの若い事務官が二、三人いて、思ったよりよく話をきいてくれた。武田さんにきいたこともいって、学校のためにもよろしく頼む、といってきた。

《それから数日たって、ちょっと学校に行ってみたら、中学の竜講師がいて、分館長に呼びだされ、厚生省へだれか行ったのか、と聞かれたという。厚生省から電話があったらしい。それで気にしはじめたのだろう。》

4　たったふたりの分教室

九月×日

波多野講師が退園準備のため、学校を退めたので、陽子の算数はわたしがすることにした。

けさ、少し遅刻したので、すぐ陽子のいる教室をのぞいてみた。するとちゃんと本とノートを出して神妙に勉強している。

そばへいって、「ひとりで勉強してたの、えらいわね。どこやってんの」と教科書をのぞきこんだ。

乗法九九の問題をやっている。ちょっとみていた。すると陽子は「先生、早く白いの着てきなさいよ」という。予防衣を着てこいというのだ。「うん」わたしはちょっと煮え切らない返事をする。そういわれると着たくなくなるのだ。陽子は、わたしがなぜ白い予防衣を着るのか知ってはいまい。予防衣、それはやはりわたしと子どもを、らい者とそうでない者とを差別する一枚の幕なのだ。着ずにすますことができたらな、と陽子のむじゃきなことばは、いまさらのように思わせる。

九月×日

秋の社会科見学が近づいてきた。

中学の村山先生は、秋はやはり従前どおり、患者たちのレクリエーションということにし、わたしたち派遣教師は行かないことにしようじゃないか、という。中学生ぐらいになると、自分たちだけで行くことについて、講師に気がねするし、講師たちだって、ほんとうは子どもたちといっしょに行きたいのではないか、というのだ。

講師たちは、病気が表面に出ている人が多いので、それでは見られるところもみられない、と去年の秋から同行をえんりょするようになっていたのだ。

村山先生と分館にゆき、その旨をO氏に話してきた。

帰って、小中合同で職員会をひらき、村山先生が話した。すると川野先生や竜先生が反対する。

「ぼくたちのためにそんな気づかいをしてくれなくともいいですよ。それでは後退だ。せっかく前むきになった所だから、その線を押しすすめてもらいたいね」という。

「わたしは単純なせいか、ことばの通りにとるのだけれど、村山先生はいろいろと考える人だから、そういわれるとわたしも気がとがめるのよ」とわたし。

「あんまりそう難かしく考えねェで、こんども子どもたちだけ連れていって、いろいろ見せて下さいよ」と川野さん。

そこでまた今度も子どもたちと派遣教師だけでいくことになった。

村山先生はまだ釈然としないようだった。講師たちの楽しみを一つ奪うことになる、というのだ。それでも二人で話し合った結果、どっかの電気製品の工場と火力発電所でもみるよう交渉してみよう、ということになった。

九月×日

八月中旬、小学校が注文したワラ半紙一〆がくると、園はもうあとは何も買えぬと通告してきていた。村山先生とわたしはまた本館に出かけた。

会計課長が留守なので会計係長に会う。いままでの事情を話し、いったい園当局は学校のことをどう考えているのか、毎年予算のことでわれわれは困っている、といった。すると係長は、金がないから学校のものが買えないのではなく、全生会の予算見積りがまだ出てないので、それとにらみ合わせて学校の方も考えようと思っているのだ、という。それでは会計課長と話がちがうではないか、と言ったけれど、係長が「とにかく必要なものは買いましょう。請求書を出して下さい」というので引き下がってきた。

帰り道、村山先生は「おれはもういやだよ。こう毎年予算のことで煩わしい思いをさせられるのは」とぼやく。わたしとて同じだ。

九月×日

退園していった正夫から、一か月に一度くらいのわりで、便りがくる。便箋一枚ぐらいだけれど、きちんとした字で書いてある。最初は

「ぼくの新しい手さげカバンが珍らしいらしく、みなジロジロみます。少し人気が出てきました」などとあった。

きょうの便りには

「今、毎日運動会の練習をしています。ぼくは鼓笛隊にはいっています。赤組の応援だんちょ（団長のまちがいだろう）になりました。日記も続けて書いています」なぞとあった。鼓笛隊なんてむずかしい字をよく覚えたな、と思い、多くの仲間の中にとけこんで、元気にやっているようすがしのばれる。早く出ていけてよかったな、と思う。

ここではもう今年は子どもの数が少なくて運動会もできなくなった。よいことなのだけれど、残されている子たちにとっては、ますます学校生活がさびしくなるばかりだ。

十月×日

陽子が朝こんなことをいう。

「先生ね、陽子ね、ゆうべ百合舎が火事になるような気がしてとってもこわかったの。だからね、ねるとき、おかあさんにそばにいてもらったの」

来たばかりの頃は、こんなことは言わなかった。にぎやかずきの陽子なのだ、きっと寮生活がさびしいのだろう、と思う。

「陽子ね、ねる時はね、胸に手を合わせて、神さま、きょう一日お守り下さいましてありがとうございました。今夜も火事なんかにならないように、お守り下さい。父と子と聖霊のみ名において、アーメンってこうするの」と十字を切ってみせる。寮父さんが教えてくれたという。

「朝もほんとはするんだけれどね、朝はよく忘れちゃうの」夜はさびしいから忘れないのだろう。

「そう唱えるとどんな気持になるの?」

「何だか安心するよ」

神への信仰というものは、一つはそういう形で入ってゆくのだろうと思う。園内には教会が二つもあるし、神父や神学校の生徒たちもよく来るし、子どもたちも教会に出入りしている。陽子の場合、信仰にまでゆくのかどうかわからないが、それで安心して眠れるなら、いまどうこうということはないだろう、と「神さまってあると思う?」なぞときききたくなる自分を抑えた。

十月×日

中学の方で築山の下に野外展覧会をひらくから、小学校も何か出さないか、といってきた。

中学の方では一学期から、どっからか電信柱の不用になったのを持ってきて、廊下で、トーテムポールを彫っていた。魔よけ柱だそうで、奇怪な鳥や獣めいたものやが彫り込まれ、翼がつけられ、青、赤、白、黄、茶色と色が塗られ、最近でき上って、築山のふもとに建てられた。

「どうです。園の名物になるぞ」と村山先生は宣伝する。

そのトーテムポールのそばに展覧会場を作ったわけである。

小学校の方でも、図画、習字、工作なぞを出すことにした。毛筆習字は最近あまりやっていなかったのでインスタントである。三年の陽子にも書かせた。

はじめは手をとって筆の使い方なぞ習わせた。陽子は「こうやって、こーうやって」と掛声をかけながら馴れぬ筆を動かして、『上下』と書いている。珍らしく一心なのだ。その掛声は気持よくひびいた。陽子はなかなか一心になることがないのだ。清書の時は、「ハイ、筆を少し斜めから入れて、ぐーっとひっぱって、ハイそこで止める」というぐあいに手をとらんばかりにして書かせた。

さち子は何枚も書きつぶし、最後にはやはり口で指導しながら書かせた。『大地の芽ばえ』とさち子の全力を出したものが書き上がったと思ったので「よくできた。それを出しなさい」というと「いやだよ。こんなの」という。「いいわよ、それとてもよくできたもの」いささか疲れたわたしは、もう授業を打ちきりたくもあった。するとさち子は、

「いやですよ。こんなの絶対出さないから。もう一枚書く」とがんばる。何だってこんなに剛情はるんだろう——不快さと疲れでわたしは勝手にしなさい、という気になり、黙ってみていた。書き終えたさち子は、

「先生、どっちがいい?」と聞く。

「あんたはどっちがいいと思うの」

「そうだね、やっぱり前の方がいいみたいだね」

「そうね、わたしもそう思うよ。さっちゃんもくたびれたんだよ」

「うん」

やがてふたりはそれぞれ自分の書いたものを築山の下にもっていって、ついたてに貼ってもらった。中学生たちが、

「うますぎるぞ。先生に手伝ってもらったんだろう」とからかっている。

「なにいってんの、自分で書いたんだよ。失礼だね」とさち子や陽子はムキになって抗議している。

《次の週の月曜日、提出された日記をみたら、さち子はこの日のことを『変なの出すといやだからがんばった』と書いている。ああ、そうだったのか。そんな気持がわからなかったのか、と悔いる一方、ここへ来たころはオドオドして何もいえなかったさち子が、こんなに自己主張するようになり、意地を出すこともあるのか、と初めて思いしらされた。それをわたしはやはりいちおう成長と考えたい。ただこの気持が長続きしてくれればいい、と思う。それにはどうしても同学年の子がせ

めて二、三人いてくれれば、競争になっていいのにな、とさち子のためにはそう思う》

十月×日

キューバ問題が国連に持ちこまれ、一段落したので、事件のなりゆきをふたりに話してやった。まず、世界一砂糖のとれる国、キューバの最近の歴史を説明した。バチスタ政権をたおしたカストロ首相の指導するキューバは、アメリカの気にいらず、いろいろいじめられるので、カストロ首相はソビエトや中国に援助を求めていたこと。ソビエトがキューバにミサイル基地をつくった、ということでアメリカが怒り、海上封鎖を行なうといいだした。そこへキューバ行きのソビエト船団がむかっており、正面衝突すれば、戦争になり、それはまた核戦争になる危険があったこと。それで世界の人々は、どうなることかと心配したが、ソビエトの船が方向を変え、またキューバに設置したミサイル基地をとりはらうことにし、その代わり、アメリカはキューバをいじめないことを約束させたこと、なぞを話した。

陽子にとっては、キューバもソビエトもはじめてきく名前らしかったが、わたしが壁にはってある世界地図を指さしながら話していると、立ってきて、いっしょに指さしながら、「フーン」「フーン」と一心に聞いている。核戦争の危険ということは、こんな小さな子にも分るらしい。

十月×日

さち子がかぜで学校を休んだ。陽子ひとりだ。

一時間目算数。例題を説明して、練習問題をやるように、というと「うーン」といやな顔をする。全然やる気がない。二時間目の国語では、黒板に出て、わたしのいう字を書いてみなさい、というとまた「いやだなァ」となかなか立ち上がらない。

「あんたきょうは朝から何いってもいやな顔ばっかりしてんのね。いやだなァっていいに学校に来てるみたいね」そういうと陽子はうつむいてしまった。

「どうしてそういやなの？　さっちゃんもいないし、ひとりでやる気がないの」泣き出しそうな表情だ。

「このあいだ陽子ちゃん、わたしにいったでしょ。六年になるまでなんてここにいないって。もう一年ぐらいで退園できるんでしょ。ひとりではつまらないからといってなまけてると、外の学校へいってから困るのよ」言いきかせているうちに陽子の表情は明るくなってきた。

あとで川野先生たちと陽子のことを話し合う。理科の宿題なぞもやって来ない。わがままになってきて、へらず口をたたく。仕事になかなかとりかからないし、集中してするということが少ない。そしてすぐおとなによりかかろうとする。どうも自分がかわいがられていることを自認していい気になっているところがあるようだ。入園したころよりわるくなってきた――そんな話になった。同じ年頃の子ども同士で鍛えられるということがないのだ。

さち子についても学習意欲のないことはいえる。陽子よりは感受性は強くないが気は優しい子だ。展覧会とか試合とかと何かある時は競争意識でやるけれど、毎日の授業はやる気がなくなってきている。ことに正夫が退園してしまってからそういう傾向がしだいに出てきたように思う。

以前はさち子はよく自分の方から「先生始めましょう」といったりしたけれど、このごろは陽子にひきずられる面もあるのか、こちらが始めるといわないと遊んでいるし、言っても「もう少し遊ばせて下さいよ」なぞといって遊んでいることもある。

十月×日

さち子も出てきたので、ふたりにこのごろの自分たちの学校生活について考えさせてみた。

まずさち子に「このごろ、勉強しようという気持がなくなってきたみたいだけれど、どうしてだと思う?」ときいてみた。

「あんまり子どもがいないでしょ。つまんないよ。外の学校だったら、遊んでいてもベルがなるとみんないっしょにどっと教室へはいるでしょ。ここはベルも鳴らなくなったしね」という。ベルも、人数がへるにつれ鳴らなくなり、いや鳴らす必要がなくなり、それによくこわれるので今はこわれたままになっている。

「勉強そのものはどうなの。つまんないのかな」少しおっかなびっくりできいた。

「国語でも算数でもわかるとおもしろいよ」

「そうね、いままで知らなかったことがわかったり、難かしい問題が解けたりするとうれしいね。社会なんかどうかな」

社会はわたしはいちばんさち子に教えにくい学課だ。六年の社会は、上巻がおもに日本史、下巻はおもに世界地理となっている。とくに上巻の憲法や古代・中世の歴史なぞは、いくら身近の問題をとりあげたり、物語ふうにやってみたりしても、さち子には理解できてないな、ということがわかるのだ。通じないな、という思いを消すことができずにきてしまっている。光男、友子、勝文なぞにはまだまだ通じるものを感じていたのだが――。それでも憲法の基本的人権だけはおしまいには強引に、押しつけ的に覚えさせた。（それもいまは忘れているかもしれないが）

「社会はね、昔のことなんかわかんないね。名前も難かしいものね。今のことなら少しわかるけど」という。

「この前陽子ちゃんにも話したけれどね、あんたたち、今はつまんないかもしれないけれど、いつまでもここにいるんじゃないでしょ。さっちゃんなんか今だって退園できるくらいなんだしね。だから外へいっても困らないように、そういうことも考えながら、少しはがまんして勉強するのね」

「陽子、そんなこと考えたことないんだよ」

「そりゃそうかもしれないね。ついつまんないことだけに気をとられちゃうものね。でも外へゆくと、わかんない子は、おいていかれちゃうことが多いからね。ここならひとりずつだから、わりとよく教えてもらえるでしょ」

「そうだね。外の学校にいる時は、国語なんか一週間に一ぺんぐらいしか読む番がまわってこなかったものね」とさち子。

「陽子も5なんかとったことなかったよ」彼女は一学期算数の成績が5だったのだ。

「そうでしょう。ここだと毎日いやでも読まされるし、さっちゃんなんかずいぶん読めるようになったものね。来た時はさっぱり読めなかったのにね。だからここはつまんないかもしれないけど、そういうように、いいとこもあるのよ。だから難かしいことだけれど、がまんして勉強するようにするのね」

たったふたりの分教室をいかに楽しくするかの責任はこちらにある、と思いながらも、わたしはそんなことを言いきかせていた。

5　暖房設備で直接交渉

十一月×日
毎年学校の暖房設備は、あとまわしにされている。その上去年あたりから燃料節約と称して石油ストーブが使われ出しているので、今年は、事務の天野さんに、十月ごろから、分館に申し入れてもらっておいた。

わたしも分館にいったとき、O氏に早く考えてくれといっておいた。しかし何の返答もなかった。もう十一月も末で、ここ二、三日底冷えのする日が続いている。

きのう分館からMさんが来て、学校は今年は炭でやってくれ、と本館からの指示を伝えた。小中の職員が皆集まり、Mさんと話し合った。

皆反対する。今どき炭でやれなんて、時代逆行もはなはだしい。衛生的にもよくないし、取扱いもめんどうだ。いくら子どもが少ないからといってひどいじゃないか。一冬の炭代と石炭代をくらべたら、トントンってとこじゃないか、学校一冬分の石炭はストーブ七つで約二トンあまりだ、金額にして二万円足らずのはず、ぜひ石炭にしてくれ、そういう意見が出るとMさんは、じゃその旨伝えます、といって帰っていった。そしてすぐ、本館からOKをとった、と伝えてきたので、午後は中学校の先生や生徒たちが屋根に上がってえんとつをつけ出した。

ところが、きょうになったら、ストーブ七つはつけられない、といってきた。

教室の温度計は五度にならない寒い日だ。かぜ気味の陽子は鼻をツーピーツーピーいわせている。中学はきのう寒いところをえんとつまでつけてしまったのだ。皆それこそ頭にきた。わたしと村山先生は本館に出かけた。

途中、寒くてぶるぶるふるえながら行く。

本館の事務室のドアをあけると、ぼーっと暖気が体を包む。とたんにわたしは寒さが倍加したようにぶるぶるっと身ぶるいが出る。ここはこんなに暖かいのだ。大きな石油ストーブが二つ燃えている。

会計課長は、幹部会議で園長室にいるという。園長室にゆく。ドアをあけると、もあーっと暖かい空気が顔をおおう。ここは最上等のスチーム暖房がきいている。

「学校の暖房のことでお願いに来たのですが」とわたしがいった。

「分館長から何もきいてませんからね。いますぐどうこうといわれても困ります」と会計課長の返事はそっけない。村山先生も、

「学校は寒くて授業になりません。あとでまた来ます」といった。

ひとまず本館を出て、分館にむかったけれど、さっきの課長の態度がぐっとこたえてくる。

「ね、いったい学校の暖房のことで、われわれがお願いにいかなきゃならない理由があるの。国の当然なすべき義務じゃないの。何よあの課長の態度は。失礼もはなはだしいじゃない？　どうもものごとがさかさまね。なんでわたしは、お願いに来たなんていっちゃったのかな。卑屈ね。早くストーブを入れろ、でいいじゃないの」会計課長にも、自分自身にもわたしはカッカッと腹が立ってきた。村山先生も「ほんとだな」と共鳴する。

分館でO氏と話す。分館も石油ストーブ二つでホカホカだ。

学校はストーブは七つ欲しいといった。子どもの数は少なくとも、小中合わせて五学年ある。それに補助講師の控室と派遣教師の職員室（ここはいままで木の火鉢があるだけで、へやじゅう灰だらけにして火をおこさぬかぎり、村山先生はおひるなぞお茶ものめず、冷飯を食べている。わたしは食堂へいくが）で、七つはほしいのだ。するとO氏は、七つは多すぎる。だれがきいてももっともだという線を出すべきだ、燃料費節約の折から学校も協力すべきだ。中学三、小学一、職員室一の五つでどうだ、冬の間だけでも複式にしてやれ、という。冬の間といっても四か月ある。それを毎時間複式にするとなると、いろいろムリが出てくる。卒業のさち子に重点がいって、陽子の方がおろそかになることはあきらかだ。それに燃料費節約とさわぐが、実際のところ、どの程度の節約なのか、そこに根本的な疑いがある。少し言い争ったが、ともかくいちおう帰って皆と相談してくる、といって分館を出た。

また小中の職員を集めて話し合う。ともかく学校は石炭二トンさえ確保すれば、あとはどうともなる、ということになる。

また村山先生と分館にゆく、O氏に五つという数はのむから、石炭二トンだけは欲しい、といった。するとO氏は、二トンなぞといわぬ方がいい、何かタクラミがありそうに思われる、という、もっともなのでそれはO氏のいう通りにし、三人で本館にむかう。

本館の事務室で、会計課長をかこみ、まずO氏が、ストーブ五つ必要の説明をする。課長はメモしながら聞いていた。だがO氏の話が終ると、突如村山先生の方をむき、

「生徒六人にストーブ七つつけろなんて、そんなバカな話がありますか。社会常識のないのもはなはだしい。どこへいっても通りませんよ。恥さらしだ、園の名物になりますよ」と吐き捨てるように低い声でいう。

「わたしはそうは思いませんね。それだけ園は教育に熱心だという証明になるじゃありませんか」と村山先生。少し表情が変っている。

「ばかな。そんなこと、どこへ出したって物笑いのたねですよ」

「わたしはそうは思いませんね。どこがおかしいんですか」と村山先生。

「どっちの考えが正しいか、出すところへ出してみましょうか」そういうわたしの心ぞうは早がねを打ち出し、頭にあつい血がかけ上がっている。

「かいろ持ったって授業はできる」と会計課長。

「かいろを持って授業しろ、というんですか」村山先生は完全に怒った。

「たとえばの話です」

「きょうあたり、教室の温度は五度です。学校は十度に下れば暖房をせよ、という規則があります。小さい子はかぜをひいてツーピーツーピいっています。それなのにここはこんなに暖かいじゃありませんか。どうしてこう差別待遇するんですか。ともかく病気で来ている小さい子のいるところはぶるぶるふるえさせておいて、健康なおとなのいる所はぽかぽかあったかくしておく、それこそ常識はずれじゃありませんか、恥ずべきはあなたたちじゃありませんか」こうふんしやすいわたしの声はふるえている。

「いったいこんなことは、わたしたちが頼みに来なければならないことなんですか。だまってても当然園側がやるべきことじゃないですか」

会計課長はだまった。少しすると、

「ともかくぼくはこんな要求はのめない。話にならん、部長のところへ行ってくれ」とまた立ち上がってどっかへいってしまった。自分がやりこめられると、すぐ怒って逃げ出す。

ついでとなりの事務部長室にいった。ここは、電気ストーブはあるがつけてない。来客のある時だけつける、という。

分館長がまた同じような説明をした。部長は、ストーブは三つにしろ、という。三つではどうしようもない。わたしは、「園はなぜ早く手を打ってくれないんですか。燃料費節約ということであれば、なおさら早くから考えるべきことじゃないですか。学校は二か月近くも前から申し入れてあるのです。いつもこちらがせっつかないと何もしてくれない。そしてドタンバになってゴタゴタする。ほんとうに困ります」といった。

わたしは納得しなかったけれど、ともかく寒いんだから三つだけでもつけておいて、あとはまた考える、ということになった。立上がりながら村山先生は、「五つ必要なんですから、また来ます」とは言ったが——。

《こういう交渉のしかたのまずさはあとでわかった。やはり五つ確保するまで、がんばるべきだったのだ。あとは考える、ということばに乗ったのは拙かったのだ》

帰って、講師たちに経過を話す。皆呆れ、怒る。

わたしも三年間ここにいて、こんなに腹が立ったことはない。もはや彼らに、ヒューマニズムとか、誠意とか、公僕精神とかとそんな高尚な難かしいものを求めはしない。事務的な忠実さと正確さだけでけっこうだ、せめてそれでやってくれ、と思う。

わたしたちに催促されたら、自分たちの事務的怠慢さをむしろ詫びるべきではないか、その上、正式にもっていった妥協案をもとにして話し合いをしようともせず、分館長から何もきいていない、といいながらいきなり前の要求を持ち出して批難する。いったいこれはどういうことなのか、課長は少しオカシイんじゃないか。それをまともに相手にして怒るこちらがバカなのか、でも事務部長だって課長と同じ考えだ、出方がちがうだけだ。

ここへ来て三年間のうちに、何度わたしたちの要求は、社会常識に反する、といって蹴られたことか、そんなにわたしたちの要求は非常識なのか、よく社会常識というけれど、それは何を基準にしていうのか。教育というような問題を、いわゆる常識などでだけ考えることができるのか。

彼らの常識はいつも数量を基準にして出てくるようだ。こちらは教育内容を基準にして考えざるを得ない。つまり質を基準にする。そこから両者の価値観の違い、ずれが出てくる。三年間、いつもその基本的な観点の違いから対立がおきてきた。

ことさら園当局を悪玉扱いすることは好まないことだが、論理というか道理というかそういう筋道の通らなさ、さかしまさがすごく不快だ。

十一月×日

きのうの話では、石炭ストーブ三、ということだったのに、けさはまた、石油ストーブ二、石炭ストーブ一にする、といってきた。

皆くさりきって授業をする気になれない。学校としては、石炭ストーブということでエントツをつけてしまい、まきでも何でも燃やして五つ使うつもりだったのだ。

ところが、午後になると、石炭ストーブ二、石油ストーブ二、に決まった、といって分館から石炭ストーブを二つもってき、余分のエントツやストーブを皆もっていってしまった。

なぜ一つふえたのかふしぎに思っていたら川野さんが、事務部長にかけ合いにいった結果らしい。

川野さんは、患者のひとりとして話し合いに来たといい、自分たち大人ばかりぬくぬくあたたまって、子どもに寒い思いをさせておくなんて、全生園の恥だ、といい、これだけの世帯を切りもりしてて、学校の燃料費ぐらい出せぬはずがない。一般舎の燃料はちっともつめられていない、弱いところにしわよせするのは卑怯だ、といったぐあいに追求したらしい。「話していたら、ついくやし涙がこぼれたよ」と笑っている。

わたしはそういう川野さんの熱情にほだされた形で、一つふえたことに対してあまり感じなかったが、村山先生は、それを知ると、

「おれたちの立場がない。おれは、講師とはやはり一線を画している。分教室の責任は派遣教師にある。そのおれたちがいって交渉して出なかったものが、講師がいくと出る、というのではメンツがたたない。強い圧力をかけると出す、という園の態度も気にくわぬ」という。

そのとおりだと思うが、実感としてわたしには、こんどの場合そういう意識が薄い。それだけ講師に依存し、主体性を失っているのかもしれないが——。

十一月×日

石油ストーブが二個来た。小中で一つずつわけた。これで小学校は石炭ストーブ一つ、石油ストーブ一つで何とか単式でやってゆけるけれど、中学の方は不足なのだ。といって石油ストーブをやってしまえばこちらが全部複式にせねばならぬし、小中でこんどは気まずくなりそうなのが気になる。

石油ストーブというのはほんとに暖かくない。講師たちとなぜ石油に変わったのか、と話し合う。現

に石油は不足ぎみでどんどん値上がりしている。しかも分館だっているだけはもやしているようだ。量的にいちおうの制限はあるようだが、事実はなきに等しい。それで園全体が果たして節約になっているのか。

おりから国会では石炭法案が審議中であり、炭労の人たちが、六万人の首切り反対のため、何千人と上京して、この寒空に、国会をとりまいている。

政府もジャーナリズムもエネルギー革命だ、石炭は斜陽産業だ、石油の時代だと宣伝し、石油ストーブなぞの広告が目立つ。しかし石油ストーブで石炭ストーブ一個の熱量を出すには、二個は必要だ。取り扱いがやっかいな点はあるが、学校なぞは石炭ストーブがほしい。学校へもってきた石油ストーブには、一個八千余円の正札がついていたという。叩いて買ったとしても、二個分で一冬分の石炭代は出そうだ。

園はなぜ石油ストーブに替えたのか。まさか厚生省からの命令ではあるまい。時流の波にのったのか、そうとすれば、燃料費節約になぞなるはずがない、それこそ常識で考えてもわかることだ。

燃料費節約などという口実をつけて、学校の暖房が減らされたような気がする。

6　学校予算・本校と分教室

十二月×日

三日ばかり休んでいた村山先生が出勤してきた。おひるの時、話し合う。

「おれはまったく今度の問題では、ガックリ来たね。カイロもって授業しろって言ったからな。常識がねえなぞとはいわれるし、ほんとにいやになったな。絵かきの神経じゃここは勤まらんな。学校のしごとはラクだが、園との交渉では、おれは三年間でまったくくたびれた。来年もいるなら、もうこんどは本校の校長に来てもらって、対園交渉をしてもらうよ。おれたちじゃ相手にされないからな」

わたしだってストーブ問題では、二晩ばかりは寝つけぬくらい癪にさわっている。

しかし学校の問題でも村山先生は来たときから困っていたようだ。小学校は川野さんや波多野さんがいてくれたし、そうひどい出入りはなかったが、中学校ははじめから講師の数が足りず、その上、しょっちゅう変わっていた。竜さんと比良野さんが長くいるくらいだ。もういまは講師を捜すことをあきらめて、前記の二人と村山先生だけでやっている。だから村山先生は図工の担任なのに、社会・理科までやっている。

それに中学生ともなると、心理的、感情的に複雑な難かしい時期だし、進学問題もあるし、その上こういう閉ざされた社会の特殊性も重なって、そんなことでも苦労があったらしい。

村山先生は、全生への来かたもわたしとはちがっている。わたしはらい病について調べ、自ら志願してきたのだけれど、村山先生は、外の学校で講師をしていた時、校長から二、三年でいいから行ってくれといわれ、いけばすっかり準備してある、月給も上がるなぞといわれてきたという。ところが来てみれば講師は足りないし教科書もそろっていない。上がるといわれた月給もさっぱり上がらぬ、オレはだまされた、だまされたのもバカだが、北海道の雄大な自然と、素朴な人情との間に育ったオレは、人を疑うことを知らなかったのだ。ところがここへ来てから疑い深くなった。人のことばの裏を考えるようになった、という。いつも子どものことや学校の問題が頭の底にある、だから家に帰っても絵がかけない、頭の切りかえができぬ、ともいう。ある意味ではわたしなぞよりよく生徒や講師たちのことを考えているのだろうと思う。

ここへ来た年は、しばしば職員室でいすを横にして、窓の外をながめながらぼんやりしている村山先生をみかけたが、そんな時、わたしは、ひまなら本でも読めばいいのに、と思っていたが、村山先生なりにいろいろ悩んでいたのだろう。

十二月×日

A小学校に連絡にゆく、A校はK小学校の分校だったが、今年度から独立し、新校舎が建ち、学区域の関係で全生の本校になったのだ。

校長も新任で、十月ごろ、五、六年生がK校からひき上げてきたばかりなので、新しい学校の経営で忙しいらしい。

全生には、わたしがいない時ちょっと来ただけで、まだ子どもたちとも会っていない。

校長はわたしをみると、

「行ってみないで何だが、帳簿類はどうなっていますか」と訊く。

「指導要録・身体検査票のほかは、かんたんな学校日誌をつけているだけです」

「特殊学級関係って、たとえばどんなものですか。何も別にありませんが」

「特殊学級関係の書類なぞはどうですか」

校長は黙った。

帰り、わたしはまた腹が立ってきた。あんなことしか聞くことがないのか。校長にとっては帳簿をそろえ形式を整えておくことは必要かもしれない。しかしいくら帳簿なんかそろえたってきれいに書いたって、（もっとも事務的能力に欠けるわたしは、時々ヘマをやるが）全生の問題が片づくものか、と思う。ストーブ問題以来、ことにわたしは頭にきやすくなっているようだ。

むこうできかなければ、こちらから言うほかないのだろう。今度いったら少し話してみようと思う。

十二月×日
学園統合問題がまたおきている。今年の六月頃、園長が百合舎へ来て、小学校はここにおくが、中学は来年度から香川県大島の青松園に統合する、といったという。ところが中学生は行きたくない、という。三年は卒業だからいいとしても、二年の友子もあと一年ぐらいで退園できるし、一年の勝文もその頃までには可能性があるかもしれない。来年中学生になるさち子は今でも退園可能なくらいだし、両親たちもあと一年ぐらいで退園できる見通しなので、統合には反対だという。

ところが分館長○氏は、全生だけ青松園と単独に交渉した結果、統合としてではなく、転地としてならうけ入れる、という諒解を得たので、そうしたらどうか、と村山先生を呼んでいったらしい。村山先生は、いまよりよりよい環境で勉強できるという条件なら統合賛成だが、何といっても、子ども・父兄の意志を尊重したい、といってきたという。

きょう本館の方から最終的な決定は、来年一月なかばごろまでに行なう、といってきたそうだ。

もし中学がなくなるとすれば、小学校も陽子ひとりになる。いまでさえさびしがり、一方ではすれっからしみたいな面も出てきている陽子にとって、教育的環境は最悪のものとなってしまう。そうなれば陽子も自宅療養でもできるようにしてもらうほかないのではないか、そんなことを川野さんや、丸岡さん（波多野さんの代わりに来てもらっている講師）たちと話し合った。

十二月×日

村山先生は、きのう本校の職員会で分教室の三年間の問題点を述べたという。

一つは学校予算の正常化について

いままでの園当局の学校への対し方について語り、今年はとうとう予算化されないこと。施設は厚生省、教育は文部省という二重構造なのが問題。予算はやはり文部省から出してもらうのが本筋と思う。われわれの力ではもうだめだから、学校予算については校長が園当局と話し合ってもらいたいこと。

二つ目は、本校と分教室との関係の正常化について

分教室の生徒は本校の生徒であり、ぼくも本校の職員なはずである。それなのに試験問題とか、教材教具についても、いつも本校に来て、乞食のようにもらって歩いた。そういうことはいっさい教務がまとめてやってもらいたい。

また、行ってやるというような恩きせがましい気持や、いやいやながらの気持なぞでなく、行ってやろうという意志の先生方がいたら、ぜひ時々分教室に出張という形で来てもらいたい。分教室は先生の数が足りなくて満足な教育ができていない。子どもたちにすまなく思っている。特殊学級といっても精薄児なのではない、生徒はばかではないのだ。できるだけのことはしてやりたい。

そんな趣旨のことを話したという。職員たちは村山先生の発言に一言もなくきき入っていたそうだ。

「ほんとはオレは何も言わないつもりだったんだ。言うのはここを出る時だと思っていたんだ。言うと、あとしまつをしなけりゃならないからな。司会の先生が、全生からなにか言うことがありませんか、なんていうもんだから、ついフラフラと立ち上がってしゃべり出したら、止まらなくなっちゃったな、昔はおとなしかったんだがな。それにオレは教育者にはなりきれねェよ。やっぱり絵が描きたいよ。そのため東京に出てきたんだからな。もし絵がだめだったら教育者になるよ。そしたら何も東京にいる必要はねェ。北海道に帰るさ」

そんな村山先生の話をききながら、わたしは正直のところ村山先生を見直す思いがしていた。

中学校と小学校とではむろんいろんな点でちがいがある。小学校は全科担当がたてまえだし中学は学科担任制だし、進学問題も大きい。本校とより密接な連絡が必要なのだ。分教室の職員構成では、ほんとはやっていけないのだ。

しかし学校予算などについては、もっともな考え方だと思うし、そういう問題では、校長あたりにもっと動いてもらってもいいのではないか。「らい予防法」にだって『教育に必要な措置を講じなければならない――』とある。とにかく正式に予算化してもらうようにすべきだろう。わたしの中には、自分がここへ来るまでのためらいなぞを思うと、本校にいろいろ要求できない、といった遠慮があるのだ。けれど要求していいこと、すべきこともあるのだ。どうもわたしはなすべきことをいろいろしてないな、と村山先生にあおられた形だが、反省させられた。

組合の委員は、東村山地区労として教育委員会に、全生の予算のことについて話し合う考えであることをいったそうだ。

十二月×日

三年の国語で「もちつき」を勉強した。わたしが、いなかで百姓している両親から、毎年もちを送ってくる話をした。すると陽子が「先生、送ってきたら、おもちちょうだい」という。「好きなの?」ときくと、

「陽子のうち、びんぼうでしょ。だから帰るとき持っていくの。もうね、もっていくもの、押し入れにいろいろたまったよ」という。くだもの、おかし、かんづめなどが集まったという。

うちはびんぼうだから、とさらりという陽子はいい。そのためあまりガメツクならなければ。わたしなぞはみえっぱりで、小さい時から貧乏を恥じていた。小学校の頃はそう貧乏な方でもなかったけれど、魚のおかずなぞもってゆくと自分でも満足し、人にもみせびらかしたかったのを覚えている。

女学校時代は、はっきり貧乏官吏（その頃父は鉄道に勤めていた）の娘であることを意識させられて、月謝なぞ一日でもおくれるとすごくいやがって父母に文句いったものだ。

「あんたが帰るまでに間に合ったらあげる」

すぐはがきを出したが、おそらく間に合わないだろう。

十二月×日

放課後、村山先生が、全生分教室の予算を文部省から出させるための書類を書いている。校長から言われたらしい。

都内の中学児童ひとり当たりの年間父兄負担額や本校の生徒に対する町の補助費なぞを合わせると、年間生徒ひとり当たりの経費は一万八千円ばかりになる。これは一九五八年の調査なので、物価値上がりの現在は、二万円を越しているとみてよい。だから分教室の予算もまずひとり当たりそれくらいは欲しいということになる。ここの生徒の年間教材教具費として厚生省から正式に出ている予算は一人三千五百円だ。園の予算補助として出していた予算額、二万四、五千円でなぞ足りるものではない。「こんな仕事、校長のやるこった。だからオレは言うまいとしたんだ」そんなことをボヤキながらも村山先生は、資料をまとめるため頭をひねっているので、小学校にも関係あると思い、わたしもチエを貸した。

政府の各省では来年度の予算折衝が始まっている。出るか出ないかわからないが、ともかく早く資料を出す必要があるわけだ。

村山先生が職員会で一席ぶってから、組合は東村山地区労を動かして、教育委員会にゆき、ここの実情を話したそうだし、二、三日前には、校長が突然園にやってきて、会計課長に会い、予算のことで話し合いをしたという。

「こんなに効き目があるとは思わなかったな」時々村山先生は呆れたように笑っている。

わたしも一席ぶつべきかもしれないけれど本校の組合のこともあまり実情がわからないし、やはり少し横の連絡をとってからにしないと浮き上がってしまうことにもなりかねない、と思う。

十二月×日

栄養士の武田さんが来て、小中合同の家庭科実習の指導をしてくれた。

小中とも家庭科を教えてくれていた講師がやめてしまっているので、わたしが指導しなければならなくなった。けれどわたしは料理は苦手だし、正式な作り方もしらないので、指導する、というのは気がひける。それにいっしょに作っても、いっしょに食べない自分にこだわった。ことに陽子のむじゃきな質問を恐れた。「先生、どうしていっしょに食べないの」とか「いっしょに食べようよ」とかといわれたら、何と答えていいかわからないのだ。

みんな食べることは好きだし、中学もいっしょにすることにし、何が食べたいかときくと、さち子たちは、肉のたくさんはいったライスカレーというし、中学の竜講師は、ともかく厚い肉がたべたい、という。そこでわたしは栄養士の武田さんにまず厚い肉を交渉にいった。小中合わせると十五人近くになるので、請求する数量だってわからないのだ。

話をすると武田さんは、さっそく献立をたてて、数量も書いてくれた。「もし時間がとれたら、指導してもらえませんか」と思い切って頼むと、気軽にひきうけてくれた。わたしはほっとした。本職が指導してくれるのだ。

献立は、ビーフステーキ（粉ふきいもと人参ソテーつき）、中華風吸物、ごはん、みかん。肉の厚さは、一人百グラム。竜講師のご希望には十分そえないかもしれないが、武田さんとしては奮発してくれたらしい。

小中合同といっても、実際に料理するのはさち子、陽子、中学の友子、武田さんとわたしの五人だ。さち子は、みんながスカーフをもってきたのに、自分は手ぬぐいで頭を包まねばならぬのがいやらしく、しばらく壁にへばりついて泣いている。はじめるまでに手間どる。中学の男の子たちは学習指導要領の改訂で、料理には手を出さない。勝文に「勝ちゃん、手伝わないか」というと、「いやですよ、料理は女ですよ」という。去年までは、白いエプロンをかけて、女の子といっしょに料理していたのに。でも手が足りないので「ご飯炊きぐらいしてよ」と頼んだ。廊下に大きな木の火鉢を出してきて、まきを燃やし、中学生や講師たちがご飯を炊いた。

中学の教室で、子どもたちや講師たちがむかいあって、にこにこしながら食べていた。わたしは本校に成績一覧表提出の日でもあったので、その旨をいって、職員室にもどった。陽子からおそれた質問はでるスキがなかったようだ。

職員室で、わたしと武田さんは、ビーフステーキとみかんをもらってきて食べた。

十二月×日

二学期の父兄会をひらく。

さち子の実母と寮母の渡辺さんがくる。学校側は川野、丸岡の両先生とわたし。

まずわたしが子どもたちの最近の学習状況や成績について話した。

展覧会がある時なぞは一心になるが、平生は前にくらべると学習意欲がなくなってきている面があること、ことに陽子にはっきり出ていて、理科や算数の成績が下がったことなぞをいった。

次に中学の統合が話題になる。さち子の母はもう一年だけおいてもらえば万事好都合だという。でももし統合になってしまえば、陽子ひとりおくことが問題になる。

渡辺さんもそれを心配していて、いろいろ話し出す。

いまでさえ、つまらない、つまらない、とよくいう。わたしはお相手しきれないし、注意するのはわたしぐらいなので、なかなかいうことをきかない。なめてかかっているところがある。ひとりになってしまったら、とても責任負えない、という。

「学校でもう少しきつくしつけてもらえませんか」と渡辺さん。

「実の親なら、えんりょなしにやれるが、何といってもへだてがあるからね」と川野さん。

寮生活をしていても、同じ年ごろの子ども同士の集団だったら、わがままも出せないだろうが、何といってもひとりなのが問題だ、とわたしは思う。

冬休み、陽子の実母が迎えにきたら、中学が統合になった場合の学校の意向を——自宅療養に切りかえてもらう——伝えてもらっておくことにする。

父兄会が終わらないうちに陽子が入ってくる。何か自分のことを悪くいわれてやしないかと心配らしい。終わったあとでも「おかあさんなんていったの」としきりに気にしているので、「だいじょうぶよ、心配しなくても。あんたたちがどうしたらもっとよくなるかって話し合ってたんだから」といった。

十二月×日

もう年の暮れもおしつまっている。

きょうの午後、用事があったので出校し、川野さんの舎によると、「いま先生んとこへ出かけようと思っていたとこだった。光男君が来てるんですよ」という。一昨年退園して関西の父のもとにいった光男が、母親のところに来ているらしい。

いろいろ揉めたが、けっきょく姉の里子は東京の、母親の友人の家から通学し、光男だけ父親のもとにいったわけだ。その方がかえってよかったらしく、ときおり村山先生を訪ねてくる里子は、ここにいたころよりずっと明るく元気になったようで、修学旅行にいってきたことなぞ、楽しそうに話していた。

学校で待っていると、園内放送がかかり、しばらくして光男と母親と川野先生がやって来た。光男の背の伸びたのにはびっくりした。ここにいたころは小肥りだったが背はわたしよりずっと低かった。それがいまは肥っている上に背もわたしより伸び、一六三センチあるという。横には延びても、縦には伸びそうにみえなかったのに、とおどろく。やはりここの垣根を出ると、成長率もちがうのか、などと思う。前はかけてなかった眼鏡もかけている。

かぜ気味らしく、鼻をすすり上げながら、照れくさそうに話す。関西弁を使って。成績は二学年中で中ごろだそうだ。上がったり下がったりしているらしい。来年は高校受験がまちうけている。

「『おっこちたら、職人や』とおとうさんがいうんよ」職人でもいいではないかとそのことばに少しわたしは抵抗を感じたが言った。

「大丈夫よ。光男君は実力あるんだから」

「ぼくもだいたい大丈夫や思うとる」自信がある。

「まアこの子は。ここで先生方にようく教えて頂いたからですよ。先生方の御恩を忘れてはいけませんよ」と母親。かつて泣いてくどいた悲しみは、いまはないようだ。

やはりここに長く子どもをおいてはいけない、できるだけ早く外に出られるようにすべきだと思う。光男は来ていた姉の里子といっしょに、川野先生に連れられて、五年まで教わった青井先生の家に出かけた。わたしはかぜ気味なので行かなかった。

7　校長がはじめてやってきた

一九六三年一月×日

ここの子どもたちはよく外の人から贈物される。ことに年末のクリスマスの時なぞは、帽子、手袋、筆箱なぞといろいろもらったようだ。そういうふうに人から物をもらうことを、子どもたちはどう受けとっているのだろうか。人からもらうことに馴れてしまって、かえって乞食根性になりはしまいか、わたしはふたりに少し質問してみた。

もらうとどんな気持がするか、ときくと、うれしい、という。外にいた時とここに来てからとどっちがたくさんもらえているか、ときくと、ここへ来てからだ、外にいた時はほとんどもらうことはなかった、という。ではなぜここではもらえるのか、ときくとさち子が、「病気だから?」という。ふたりとも病者とはいっても、そういうのがおかしいほど、ふつうの健康な子と少しも変わりはないのだが。

「そうよ。あんたたちが病気だからですよ。きっと早く治るように、っていう気持からくれるんでしょうけどね。でも、ここにいて物をもらうってことは、うれしいかもしれないけどあなたたちが病気で不幸だ、ということでもあるわけよね。早くよくなって外へ出られるようにしなきゃいけないし、外に出たらこんどはあんたたちも不幸な人々のために——世の中にはいろんな不幸な人がいるのよ、病人、貧乏な人、親のない子、そのほかたくさん不幸な人がいるのよ。そういう人々のために何かしてやれることを考えてね。何か人におくりものしたことある?」ときくとさち子が、友子にお誕生日のお祝いをおくったという。そしてうれしかったという。人からもらうのもうれしいが、心からのものなら人におくるのもうれしいものであること。だから、人にしてあげることも忘れるな、とわたしはくり返してお説教してしまったが、自分を病気だとか、だから不幸だなぞと思ってもいない陽子にはわかりにくい言い方だったようだ。

だが、お説教したわたしも、時々子どもたちにおかしやくだものなぞをやる。やはりふびんなのだ。第三者的な同情や一時的な慈善なぞで人間が救われるはずはない、かえって堕落させることもある、と知りながら——。真に人間的な、平等意識にたっての同情ということはなかなか難かしいことだ。

一月×日

俸給日なので本校にゆく。

校長に学校予算のことを話す。教科書も去年度までは寄附してもらうことを建前としていたこと、今年は予算化されないこと、なぞを話すと、おかしいね、おかしいね、という。まるでそんなことはあり得ないだろう、へんなことをいうな、と批難されてるようなひびきを感じる言い方だ。わたしの言い方が主観的なのだろうか、客観的に話そうとしたのだけれど――。そしてこちらの要求にムリがあるのではないかというようなことをいう。わたしはがっかりした。誇張していえば、ブルータス汝もか、とシェイクスピア劇もどきに嘆きたいところだ。社会科なぞ、大きな地図はいらぬ、教科書用の小さいので間に合うではないか、という。そういう論法でいけば、教科書さえあればいい、ということになりかねない。

またわたしは、三月なかばに卒業式がある予定だから出席してくれ、というと、全然考えていなかったらしく「そういっちゃ悪いが」といって呆れたように笑っている。

「それじゃ一ぺん行っておかなくちゃならないな。そうだな、あす行こうか」といいだす。

「その時、予算見積り書もみせてもらおう」というので、「ぜひ見て下さい」といった。

園に帰ったわたしは、川野先生とすぐ話し合った。校長の考えを話し、予算見積り書を出して、いままで買ったものなどをざっと計算してもらった。最終的な要求として四万六千余円出してあるのに、いままで買えたものは九千三百余円だ。事務用品ぐらいしか買えてない。川崎市の職員から二学期末に一万二千円ばかり寄附があったので、それを小中で折半し、スライドや掛図を買ったのだ。

一月×日

校長がやってきた。

朝わたしは分館にゆき、校長が来るが、車と昼飯を用意してもらえないか、と交渉するとＯＫということになった。それで念のため校長に電話すると、来客で行けない、という。「実は車の手配もしたのですが」というと、「そんなにまでして頂くのなら、何とか行くようにしましょう。十時半ごろまた連絡して下さい」という。

十時半、また連絡すると、来るというので、「おひるの用意もしてありますから」というと恐縮しているらしく、「あまりおかまい下さらぬように、といって下さい」という。

十一時ごろ、校長が来ていると知らせが来たので本館にゆく。校長と園長室にゆく。連絡してあったのだが、緊急の幹部会議ということでとなりの応接間で会議している。少し待つとやってきた。

「鈴木先生には熱心にやっていただいて――学校の予算が思うように出せませんでね、いろいろご迷惑をおかけしとるようですが、今のところ問題はないのでしょうな」園長はわたしと校長をかわるがわるみながら、開口一番そういう。うまいな、頭は悪くないな、とちょっと思う。

「いいえ、問題がないわけじゃないんです。（ほんとは大あり、と言いたいところだがいささか機先を制された形だ）園長さんもご存知のように、去年の七月、本館前で交渉が物別れになったままで、予算会議もとうとう開かれませんし、まァそのあとで必要なものは買うということになったんですが、今年はとうとう児童の教材費一人三千五百円のほかは予算化されないんです。小学校の最終予算として四万六千余円出てるんですが、最近まで買ったのは九千三百円ばかりなんです」校長にわたしのいっていることの信ぴょう性を証明する必要もあって、わたしはしゃべった。

校長は午後から校長会があるというのですぐ学校にゆく。

校長に白い予防衣を着せ、教室に案内する。

子どもたちや講師を紹介する。

子どもたちだけすぐ帰し、学校予算の話をする。予算書をもってきましょうか、というと見る気もなさそうだ。子どもたちの少ないことの弊害や統合問題のことも話す。すると

「こういうとこにいる子だから、できるだけのことはしてやらなきゃね」なぞという。

おや、きのうの言い分とちがってきたようだぞ、と思う。にぎやかな本校から、たった二人の学級に実際来てみればやはり同情心が湧くのだろうか——。

図書なぞも少ないし、今年なぞまだ三千円ばかりの請求が買ってもらえないことをいうと「先生、書いてあちこちに訴えたらどうだ、書けるんだから」と逆にハッパをかけられた。

あまり落ちついて話し合う気持がないらしいので、いいかげんのところで切り上げて職員室に戻った。

白衣をぬぎながら校長は

「鈴木先生はエライよ」という。わたしはおかしくなる。えらくも何ともない、よくも悪くも馴れただけだ。いや馴れたという言い方はあいまいだ。わたしはらいをあまり恐れなくなった、ということだ。もちろん発病したらたいへんだとは思う。けれど、らいで死ぬことはないし、初期だったらどこも醜くならず退園できる。そういう実例を見ているので、ここへ来た時のような恐れは持たなくなったのだ。らいよりは成人病といわれる病気の方がよほど恐い。

食堂へむかいながら

「先生、初めてで気味悪かったでしょう」と少し慰め気味にいうと「うふーん」と言っている。神経質な人らしい。その気持はよくわかる、というところだ。もう食べる気もなかったらしく「学校に弁当があるから」というのを「大丈夫ですよ。患者と関係ありませんから。外から業者が入ってやっているんですから」といってひっぱってゆく。

食堂のおかずはまずくて気の毒だった。校長もわたしも残してしまった。

校長はまた本館前から車で帰っていった。

一月×日

さち子が下痢のため休んだので、いってみる。夜半から朝にかけて吐いたり下したりしたというが、もう赤い顔をして寝ていた。

父親は、何か細かい電気器具の内職をしていたが、出てきて「きのう、全生会から、中学統合は一年延びたからといってきたので、ほんとによかったと喜んでいます」とうれしそうだ。初耳なので、ちょっとおどろいたがよかったと思う。

一月×日

村山先生、気の毒なほど去就に迷っている。異動するなら、二十日ごろまでに意志表示をせねばならぬという。

ここを去りたいのは、園当局との交渉でいや気がさしているのが大きな原因だという。それにこの閉ざされた園にいると、周囲の無気力さに感染してきて自分までダメになってしまいそうだ、という。

「絵だけ教えていられんならいいがな。社会だの理科だの、オレにはわかんねえよ。責任もてねェ。それにちっともそんなものはおれの絵にはプラスにならねェ」という。

しかし生徒や講師のことを思うと、情的に去るにしのびない。竜講師や比良野講師こそほんとの教育者だ、彼らは教育に自らのすべてを賭けている。ここへ来ておれは真の教育者をみた。あと一年ぐらいなのに去ってしまって彼らを困らせるのは気の毒だ、ともいう。

「先生はどうするんですか」ときくので、「わたしは先生とここへの来方が違っているでしょ。何しろ志願して来たんだから。その時校長からも、三年以上五年ぐらいは勤めてくれ、と言われてるのよ。それに小学校も先がみえているし、ここにいても仕事ができないということはないしね。あと一年なんだから、先生もがまんしなさいよ」と留任をすすめる。

しかし来てくれといっている学校があるというし、いっぽうでは先生をやめて絵ひとすじにやりたい、という気もあるらしい。

「おれがここにいなきゃならぬ理由がありますか」ときくので、

「先生はよく、物を創り出す人間を育てたい、って言っているし、図工科でそれをやっているわけでしょ。『未来につながる子ら』って映画を見てきたという時の感想でも『あそこには何か創り出そうとしている精神がある』っていってたし、そういうはっきりした考えをもっている先生にいてもらった方が、子どもたちのためにはいいと思うのよ」と言った。

一月×日

三年の算数。文章題の考え方をやっていた。三人の背たけくらべの問題で、三年生の問題としてはむずかしい方だ。黒板に図を書いて説明しながら、陽子をみると、こっちをみていない。何か手あそびしてる。そういうことが何べんか続いたので、

「陽子ちゃん、きいてんの。むずかしい問題なのよ」と強くいう。

「きいてますよ」という。

「きいてないじゃないの。説明してるのにこっちをみてないでわかりますか」

「きいてますよ」と平気だ。しゃくにさわってくる。

「うそいいなさい。どうしてそういういい方するの」

「どうもすみません」

「そんなことばききたくない。すまないなんて思ってないのに、心にもないことはいわなくたっていい。そういうのへらず口っていうのよ。よくないのよ。ここへ来たころはそんなことといわなかったのに、どうしていうようになったのかな」そういうと陽子はさすがにだまったが、わたしも後味が悪い。ふとわたしは退園していった正夫を思い出していた。彼は、何か新しいことばなぞを教えていると、実に熱心

に知ろうとする態度を示したものだ。陽子にはそういうところがなかなかみつからない。わたしの教え方が陽子の関心をひかないのかもしれないが。

一月×日

外部の人から二千円寄附があったので、さっそく子どもたちに本を買ってきた。

何しろ年度初めに出したたった三千円の図書費がいまだに来ないのだ。それは全生会の図書費十万円の中から出してもらうものだが、全生会から分館に請求したのが十月なかば。それからだってもう三か月たつ。事務の天野さんに催促してもらい、わたしもなんべんか全生会をせっついたがラチがあかないので、分館にいき、本館に問い合わせてもらうと、請求書をどっかへやってしまったという。捜しておく、といってからも三、四度催促したけどいまだにはっきりしない。もううんざりして催促する気になれなくなっている。

図書の時間はあっても、子どもたちは読む本がないのだ。もう何べんも同じ本を読んでいる。「先生、読む本がないよ」と言われるたびに身がちぢむようだ。本校がK校の時は、借りてきて読んでやったりしたけれど、A校になってからは、まだ図書室なぞ整備されていないのでそれもできない。

そんな状態だったから、寄附の二千円はまさに旱天の慈雨だった。

物語ばかり五冊ほど買ってきた。その中の岩波子どもの本「かにむかし」を読んでやった。木下順二の文章は散文詩的でおもしろく、清水昆のさし絵もゆかいだ。一ページごとに読んではさし絵をみせてやる。それを聞いたり見たりしている陽子の、無心に物語を楽しんでいるような笑いをうかべた幼な顔が心にしみる。

わたしは「さるかに合戦」として教科書でならった民話だけれど、陽子などははじめてきく話だ。さち子は、にぎりめしとかきの種子ととりかえたところからはじまる話として知っていた。さち子にはさらに話をすすめていってみた。

柿の種子を、早く芽を出せ、早く実がなれ、と一心に育てるかにはだれと同じだろう、ときくと百姓だ、という。じゃ、そうしてせっかく育て、みごとに実った柿の葉を、横からとび出してきて食べてしまう、つまり百姓の作ったものを、ほとんどとりあげてしまうさるはだれにあたるだろう、ときくと武士だという。つまり封建時代の支配階級だ。じゃ、殺されたかにの子どもたちが、きびだんごをくれては、くりやはち、牛のふん、はぜぼう、うすなぞを次々と仲間にして、ガシャガシャ、コロコロ、ブンブン、ペタリペタリ、トントン、ゴロリゴロリとさるのいるさるばんばへさるをやっつけに押かけるのは何にあたるだろう、ときくと「うんとほら、何ていったかな、うーんと」と思い出せない、そこでわたしは百姓一揆でしょう、というと、「あ、そうだ」と言う。

木下順二の再話「かにむかし」は、昔ならったものよりずっとおもしろく、はじめて読むような新鮮さを感じた。そしてこれは単なる個人的な、暗い仇討ち話とみるには惜しい、豊かな、深いものをもっている民話のように思えるのだ。農民のたくましいエネルギーや賢いちえなぞが感じられるのだ。そういうものが、わたしに百姓一揆を連想させるのだが――。

一月×日

村山先生、お昼ごろ学校にやってきた。本校に寄ってきたという。「おれは異動票を取り下げてきたよ（一度は出したらしい）。あと一年ここにいることにした。その代りゆうべはいろいろ考えて、校長に条件を出してきた。来年は煩わしい対園交渉はいっさい校長にやってもらうんだ。おれはのんびり気楽にやることにした」という。

生徒にも、あと一年つき合うぞ、といったという。

決断を下した安心なのか村山先生はぐったり気ぬけしたようなようすだ。

「よし、今年はおれは絵を描くからな、また個展を開くぞ」と自分を励ましている。

一月×日

中学の講師控室にいる事務係の天野さんのところにいったら、村山先生が、竜講師たちに何か話している。ちょっと緊張した空気がある。そこにいた川野さんが「先生、中学なくなるよ」という。おどろく。村山先生は自分があと一年ここに留まる決意をした経過を話している。事情はこうらしい。一昨日土曜日、村山先生が校長に留任の決意を述べ、諸条件を出してきたあと、校長は園に電話し、村山先生を転任させてやりたいというようなことをいったらしい。そこで園は急に一年延期の決定を変え、全生会に連絡し、学校は何も知らないうちに、子どもたちはきのう日曜日に、そのことを知ってしまったらしい。

どうしてこうぐるぐる決定が変わるのか、と呆れてしまう。村山先生は「生徒にうそついたことになって拙い。ますます子どもたちはおとなを信用しなくなるだろう。ぼくの転任問題と学園統廃合問題をいっしょにされるのは迷惑だ。それは別々の問題のはずだ」という。

あす十時から三者懇談会を開くと、全生会からいってきているという。

一月×日
一時間目の終わり、中学にきょう話し合いがあるのか、とききにいった。あるらしい。文集の版画を彫っている友子が「もうどこへだっていきますよ」という。

「何だ友子、意志が弱くなったな。行かないってがんばってたじゃないか」と村山先生。

「こんなとこにいたんじゃ意志も弱くなるよ」と友子。学校がなくなるのなくならないのと何べんもおどかされて、いいかげんやけ気味になっているらしい。

十時少しすぎから、分館前の面会所で、三者懇談会が開かれた。

園側は、会計課長と分館長O氏。全生会の近藤氏、小中職員、父兄たちが集まった。近藤氏が司会の役目をする。

まず分館長が説明する。

「学園統合問題が正式に厚生省でとりあげられたのは一昨年である。その時は中学一か所大島青松園(香川県)、小学三か所ぐらいの案であった。教育を大切に考えれば、中学くらいになっていれば、遠くへゆくのもやむを得まい。青松園はちゃんとした設備がある。そこで全国統合問題とは別に全生から交渉してみたら、転地としてうけ入れてもよい、と昨年十一月に返事が来た。十二月末、厚生省より、一年延期の通知が来た。父兄側からも一年延ばしてくれとの要請があった。延ばすような話もあったが、わたしとしては園幹部には話してなかった。そこへ中学校長より話があった。村山先生を転任させたいから統合をしてくれ、というのだ。教育委員会も統合には賛成である。だからよりよい教育をするために統合すべきだ」

分館長は、よりよき教育のため、という大義名分を押したてて、統合に話をもってゆかせようとしている。

次に会計課長。

「中学の校長から電話をうけた当人として話をする。何度も校長が来たり、電話がかかってきたりした。村山先生は来年度になると転任が難かしくなる。後任をみつける悩みもある。困った困った、といっている。きのうも校長から電話があり、二、三日中に教育庁へゆくからそれまでに最終的な返事をききたい、といってきた。そこでここだけでも大島へ合併させよう、という話になった」

会計課長の話の趣旨は、もっぱら村山先生のために統合するのだ、というふうにとれる。

次に渦中の人、村山先生が発言する。

まずここへはいる時の条件は二、三年という話だったことからはじまる。

「統合問題はあまり学校に話はなかった。いつも素通りしてたようだ。いちばん尊重すべきは、子どもとその父兄たちの意見だと思う。わたしの進退問題と、統廃合問題をいっしょにして考えられているのがわり切れない。子どもも父兄も、一年延期をのぞんでいる。わたしも、あと一年がんばるからといっていろいろ校長に条件を出し、子どもにもその旨をいってある。統合については、今よりよくなる条件でなら基本的に賛成だ。たしかに今年からでも設備の整っているという青松園へいけば理想的かもしれないが、子どもや父兄たちにもいろいろ事情があるから、理想だけでわり切ろうとしても現実的ではないだろう」

村山先生の発言はだいぶ控え目だった。言うべきことは言っていると思ったが。

次に寮母の渡辺さん。

「村山先生の転任問題にからんで、また統合問題が出てきた。いったい子どもをだいじに考えるのか、村山先生を主にして考えるのかといいたくなる。これは村山先生もおっしゃっているように、切りはなして考えるべきではないか。

中学の問題は、小学校の陽子にも関係してくる。陽子の母親も、一月に陽子を送ってきた時いろいろ家庭の事情があり、もう一年おいてもらえれば助かる、といっていた。友子も垂足が手術すれば治るらしいので、この一年間で治して退園するのだと喜び、このごろは勉強にも精出すようになってきていた。だから今度の話をきいてひどくがっかりしている。もし中学がなくなれば、陽子ひとりの養育の責任をわたしは負いきれない。

だから中学はもう一年だけ延ばしてもらうようにし、そのことで村山先生を足止めするのはお気の毒だから、村山先生はそのことにとらわれずに自由に進退をきめて頂きたい」

渡辺さんの話はきかせたと思う。私心なく子どもの立場から発言している。

次にさち子の実父も一年延期を望む発言をした。

最後にわたしが小学校の立場から発言した。だいたい渡辺さんと似た趣旨だ。

「この園内にたったひとりの子を残すということは教育的環境としてたいそう悪い。人一倍さびしがりの子なのだ。今でさえよくない影響がでている。もしどうしても中学をなくすなら、小学校もなくすよう考えてくれ。いつ発病するかわからない子のためにここを残しておくことよりも、今いる子のことを考えてやる方がだいじだろう」

O氏は、今年転地させないと、来年も果たして青松園が引受けるかどうかわからない、なぞと言い出す。近藤氏が、「Oさんの言い方はおどかしにきこえる。今一年あれば、皆それぞれ準備ができる、といっているんですよ。もう統合の機は一年ごとに熟してきているんです。来年はまた骨折って下さいよ」という。よりよき教育のためなぞと唱えていたO氏の馬脚が表われた、という感じである。何としても厄介払いをしたいようにもうけとれる。

話し合いの大勢は統合反対である。

「じゃこの話し合いの結果を、幹部に伝えて下さって、父兄や子どもたちの意向が通るようにひとつお願いします」近藤氏がしめくくった。

学校へ帰ってくると村山先生は

「これで一年延期は決ったたな」という。

「こんどのゴタゴタの張本人は中学の校長じゃないの。あんまりいろいろ先生に条件を出されて、めんどくさくなったんじゃない?」と少し腹立ち気味でいった。村山先生は

「そういうとこもあるが、園側も校長の電話を利用してるとこがあるよ。言わないことがいろいろあるさ」という。

しかし、今日のような統合についての三者懇談会は、この問題がおきた当初に開かれるべきだったのだ。

一月×日

三年の国語に「赤いちゃんちゃんこ」という教材がある。宮沢賢治が小学生のころの逸話らしい。貧乏で着る物がなくなり、赤いちゃんちゃんこを着てきた男の子を級友がからかうのをみて、日ごろおとなしい賢治が怒って「ぼくもあすから赤いちゃんちゃんこを着てくるぞ」とかばった話だ。

「なぜ貧乏だとばかにされるのかな」ときくと「きたない着物なんか着てたり、体がよごれたりしてるでしょ。だからいやがられるんだよ」という。そこでわたしは、足立区の学校にいた時の話をした。

「三年のクラスにいつも着たきりすずめの女の子がいて、袖口なぞ、鼻をふいたりするので、黒光りしていた。わたしが日曜日にでも洗濯しなさい、というと、着るものがないよ、という。じゃ仕様がないから乾くまでふとんの中にでも入ってたら、というと、いやだよ、遊びたいよ、という。その子の母親

は未亡人で、人夫のような仕事をして毎日疲れきって帰ってくるので、なかなか洗濯もできぬらしい。

その子を、ある日男の子が『お前のうちは便所もないだろう』なぞとばかにしていたので、怒ったわたしは授業時間をさき『ミエ子（その女の子の名）ちゃんのおかあさんは朝早くから夜おそくまで働いている。けれども十分お金がもらえないのだ。怠けて働かないで貧乏なのではない。一生けんめい働いても貧乏なのだ。それはミエ子ちゃんのおかあさんが悪いのだろうか』ときくと、皆『悪くない』と答えた。『じゃそういうミエ子ちゃんの家の悪口をいっていいか』ときくと皆また『悪い』と答えた――」

「陽子ちゃんも、うちは貧乏だといったことあるけど、どうしてだと思う？」

「おとうさんもおかあさんもよく働いてんだけど、あんまりお金がもらえないんだよ」

「そう、じゃあなたの家が貧乏なのも、おとうさんやおかあさんのせいじゃないね。なぜ一生けんめい働いても貧乏なのか、お金がたくさんもらえないのか。陽子ちゃんがもっと大きくなったら、よく考えてね。これはだいじな問題だからね」

「うん」

「陽子ちゃん、貧乏だからって、ばかにされたことある？」すると陽子はいきおいこんで

「うん、陽子あるよ。二年の時、すごいけんかしたよ」おしゃべりなところのある彼女は、おそらく一年以上も前の外の学校にいた時のできごとを詳しく覚えていて、しゃべりだした。

「それはおもしろいね。さっそく今陽子ちゃんがいったこと書いてごらん。おもしろい作文ができる

よ」

「ウワァ、言うんじゃなかった。先生覚えておいてよ」そんなことといいながらもわたしと話し合いつつ次のような作文を書いた。

けんか

わたしが二年生の秋のことです。

ある日、遊び時間の時、教室で、組の中の男の子が「なんだい、おまえはぼろっちい着物を着ておかしいぞ」といいました。その時わたしはよごれた洋服を着ていました。おかあさんは田んぼではたらいていて、せんたくするひまがなかったのです。家はすこしびんぼうなので、おかあさんははたらきにいっていたのです。

男の子にばかにされたのでわたしは「なによう」といって男の子をけりました。その子はわたしの足にひっかかってころびました。だけどすぐおき上がって「よくもやったなッ」とおこってかかってきました。わたしはひじでぐいとつきました。男の子の頭に当たりました。「なにおッ」といってまたかかってきました。それからとっくみあいのけんかになりました。

おしまいに、わたしの石頭と、男の子の柔かい頭がぶつかって、男の子は「いててて—」といってうなりだしました。わたしはあまりいたくありませんでした。

男の子がころんだ時、どたんと大きな音がしたので、「けんかだァ」といって、みんなが集まってきました。わたしのおねえちゃんやおにいちゃんもきました。おにいちゃんが「陽子がんばれー」といいました。

そのうち、先生が来て、けんかをとめました。

はじめ男の子が先生にけんかしたわけをきかれました。でも男の子はわたしをばかにしたことは言いませんでした。こんどはわたしがきかれました。わたしは男の子が、ぼろっちい着物を着てる、とばかにしたことをいいました。先生は「陽子ちゃんは、何でもはっきりいうからいいですね」といいました。

先生がいろいろお話したので、一時間つぶれてしまいました。

ここには、教材に出てたような、しめっぽい被害者はいない。したがって賢治のような救世主も現われない。（救世主といっても一時的なもので、いくら賢治が庇っても、その子の貧乏がなくなるわけではない）被害者の立場から積極的に加害者の立場に転じようとする強さと明るさがある。いい意味での現代っ子がいる。この姿勢が、すくすく伸びればいいな、と思う。

8　職員会議に出席して

二月×日

二校時目、陽子に黒板に書き取りさせていると、分館のMさんがやってきた。文集をつくるため表紙と内容紙を一〆請求しておいたのだが、事務部長が、子どもが二人しかいないのに、こんなにたくさん紙をつかうのか、と用度係にたずね、係りの田口さんは困って分館に問い合わせたらしい。わたしはまたカッと頭に来た。何てケチなことをいうんだろう、たかが千円もしない一〆の紙に。まるでムダ使いでもしているのをとがめられているようだ。一年に一度出している文集は、ことしも一年間のふたりの子どもの作品や理科の観察記録などを集めたら、五十ページ近くなり、園内、本校、各療養所関係に配るだけで五十部は要るのだ。事務部長にも毎年配っていたはずだ。読んだこともないのだろう。たとい作品は拙ないものであれ、ともかく子どもたちの一年間の学習の一つの成果なのだ。それを作ることにさえ文句をつけられるのではまったく勝手にしろ、と何もかも投げ出したくなる。

Mさんにはいちおう文集のページ数と配本先を伝えたが、わたしは気がおさまらない。川野先生の教室にいってMさんの伝言を伝え、「返答無用っていってもらいましょうか」というと「ま、先生、いいよ。むこうが買わないっていったら、押しかけようよ」となだめられる。

カッカッと頭にきたものの、わたしもあまりむこうのいうことを悪意にとりすぎているのかもしれないと思い、休み時間、分館にいって用度の田口さんに電話で、事務部長の言い分をたしかめた。やはりMさんのいった通りだ。しかしMさんからの返答が伝えられたらしく、部長も諒解しました、というので電話をきった。もう理解なぞを求めはしないが、やはり情ない。そして、すぐカッとなる自分を弱いな、これでは持久戦はできないな、とこれも情なくなる。

二月×日

新入児童の身体・知能検査の手伝いのため、午後本校にいった。わたしは身長の係りだ。補助の六年の女の子が、四人ばかりいた。二人の分教室からくると、たった四人ではあっても活気があって、やはりある健康さを感じさせる。そして二人きりの学校の異常さを改めて思いしらされる。

何もいわないのに、子どもたちはわたしが全生園分教室の先生であることに気づいて、いろいろと話しかける。生徒は何人か、先生は？　どういうふうに教えるのか、どんな病気なのか、子どもはどんな生活をしているのか、などと。

三時ごろになると、もう身長を計りにくる子もいなくなった。するとあちこちの教室の係りの子が集まってきて、とんだりはねたりあそびはじめる。そのうちのひとりがふと気づいたように「先生、体操なんかどうするの？」ときく。「それがとても困ってんのよ。三年と六年じゃ体力もちがうしね。縄とび、バドミントン、ドッジボール、ときにはかくれんぼなんかするの。どう、あんたたち、時々遊びにきてくれないかな」そういってみた。すると何人かの子は「行こうか」といったが、何人かの子は明らかにためらいをみせた。

子どもたちは、はじめてのわたしなのに、すぐ親しんできて「先生、算数の宿題教えてよ」などといいだし、気早に本をもってこようとする。まだ仕事が終わっていない、ととどめる。仕事が一段落したので職員室にひきあげると、ふたりの子がやってきて、宿題を教えてくれという。もう帰るのよ、というと叱られでもしたようにこそこそ帰ってしまった。悪かったな、とそっけない答え方を悔いた。

帰り、歩きながら考える。あの子たちと、さち子たちとどちらがよりわたしに親しんでいるだろうか、と。二年間つき合っているさち子とより、わずか二、三時間足らずの知り合いにすぎぬあの子たちとの方が、ある意味ではへだてがないのではないか。らいを初めほどは恐れなくなったといっても、やはりさち子たちをよせつけぬようなものがわたしの内部にまだあるのだろう――それはちょっとがっくりくるような発見であった。

二月×日
職員会議なので本校にいった。
もう一時間も前からはじまっていたが、議題はちょうど、卒業式のプログラムに入っていた。Y先生が「『君が代』は歌わなければならないんですか」と問題提起した。案の中には入っている。すると校長が発言する。
「実はわたしはかぜでぐあいが悪かったが、きょうはきっと『君が代』が問題になると思って出てきたのです。ここに資料ももってきました。朝日新聞の今年の元日号です。これに『君が代』の世論調査が載っていますが、国民の過半数が『君が代』を支持していますよ。これは信頼のおける調査だと思うのです。日本はやはり天皇を象徴として一つにまとまる必要があると思うのです」という。

「でも、ふつう教えておかないで、卒業式の時急に歌わすっていうのは意味ないと思うのです。歌わすならやはり統一した内容で教えないとね」と若いW先生。

「時代が変ったんだから、『君が代』は国家の繁栄を歌ったものと考えればいいじゃないですか」と校長。

「時代が変ったからといって解釈をそんなふうに都合よく変えることはできないと思うんですがね。『君が代』を歌わせないと何か校長先生にとって都合のわるいことがおきますか」分闘長のH先生。

「とくにどうこうということはないが、教育庁から、歌うよう指導するようにということはいってきてます」校長の答弁。

議題もしらずに出席したわたしは『君が代』が問題にされはじめた時からどきどきしていた。そして大勢としては反対意向が強いのに、誰もはっきりした理論で撃破する人がいないことにはがゆさを感じていた。前の学校では『君が代』は国歌であるという法的根拠はないこと。したがってとくに歌わせなければならぬ理由はない。第二に内容が民主主義の理念に反する、という理由で歌っていなかった。全生園分教室でもうたっていない。そのことを言おうとしたが、わたしはひどくどきどきし、興奮してしまって頭がこんがらかり、うまくしゃべれそうもない。ある中年の男の先生は「ぼくも、一時期は、

『君が代』や国旗について考えたこともありますが、今は無条件降伏してしまいました。やはり、『君が代』や国旗には日本のよさが表われていると思うんです。」といい、五十近い女の先生は「いまの子どもは『君が代』っていうのは、すもうの終わりの日にうたう歌だってきりしらないのです。もってのほかだと思います」と怒りをこめていう。

司会の先生はこの結末をどうつけるか迷ってしまった。校長は決をとることに反対意向だし、分闘長のH先生はとってくれ、という。しかし決をとっても、最終決定権は職員会議にはないのではないか、結局は校長に決定権があるのではないか。いろいろ揉んだが採決した。わたしは反論はできなくともせめて意志表示だけでもせねばと少しいきおいこんで反対に挙手した。八対六で反対が多い。すると校長は「歌わせて下さい。お願いします」と強くいう。

「お願いしますといわれても、歌の解釈をちゃんといってもらわないとね。各自バラバラでいいんですか」とW先生。すると向かいの席の分闘長先生は「反対！　校長の解釈をみんなにおしつけられては困る」という。

ともかく『君が代』は歌うようになってしまった。民主主義の一つの原理とされている多数決が否定されてしまったのだ。

わたしはさまざまなことを考えさせられた。まず、わたしをも含めてほとんどの先生に『君が代』に対するはっきりした考えがないのではないか、ということだ。わたしなりの『君が代』批判はもっている。しかしどの視点から問題にすればいちばん効果的で妥当性があるのか、という点で確信がないのだ。

また、自分の意見をはっきりいうことがしだいに困難になってきていることを強く感じさせられた。賛成した人だって、ほんとに賛成なのか、いろいろの思惑の上での賛成もあるのではないか。憲法に保証されているはずの思想・言論の自由が束縛されつつあるのを感じさせられる。

だが、一ばん情ないのは自分の臆病さである。

国分一太郎の詩「胸のどきどきと唇のふるえと」を、奴隷根性の根深さを、痛いほど改めて感じさせられたことだ。こんなわたしのような人間を作らぬためにも『君が代』は歌わぬ方がいいと思う。戦前から、といっても明治時代から戦中にかけて『君が代』は臣民教育の重要な一翼を荷ってきたと思う。わたしはその臣民教育をうけて育ってきたひとりだ。時代が変わったからといって、『君が代』を歌わせようとしている背後にあるものを考えるとき、校長のいうようなつごうのいい解釈はできない。ある特定の個人を絶対視することがどんな悪を生むか、それは明治以後の日本ばかりでなく、ソビエトのスターリン批判をみてもわかることだ。――分教室はどうするか、わたしが右のように考える以上やはり歌わないことにするほかない。むろん皆とまた相談してみる必要はあるが――。校長は前から早く式次第を見せよ、といっている、『君が代』がなければきっと問題にするだろう。ああ、わたしははじめて権力にぶつかるのだな――武者ぶるいならぬ臆病ぶるいがわたしをおそう。

二月×日

文集に入れる版画ができた。自分の顔と好きなものと二枚ずつである。顔の方はすぐわかるが、トラと、ウサギとタヌキの組合わせは、誰が彫ったのか、ちょっとわからなかった（図工の講師の山瀬さんが指導したのだ）。

四枚のゴム版画をもって中学の村山先生のところにいった。中学でも文集の版画がたくさん彫られ、何色も使って印刷中である。

村山先生はトラをみるとすぐ「これは陽子だ。ウサギはさち子だな。よくふたりとも気性が表われているよ」という。インキを借りて刷ってみるとたしかにふたりの違いがはっきりわかる。さち子の方は自画像もウサギもやさしさが出ている。陽子の方は二枚ともきつい感じが出ている。

「陽子は何か抑圧されているものがあるんだな。あの子なりに孤立しているので、トラのように強いものを求めているんだ」と村山先生。そういう鑑賞力のないわたしはヘエ、そういうものかな、と承わって帰ってきてあとで確かめると作者は村山先生のいったとおりだった。陽子はさち子の自画像を刷ったのをみると、「さち子おねえちゃん、美人だね。陽子はへんな顔になっちゃったわ」といっている。

「陽子ちゃん、どうしてトラなんか彫ったの」ときくと「わかんないよ」という。

《あとで村山先生は陽子にわたしと同じような質問をしたらしい。すると陽子は「川野先生に叱られた時、トラに助けに来てもらいたいからだよ」と言ったという。川野さんはめったに叱らない人だが、その代わり叱られるとこわいのだろう》

9　三度目の卒業式

三月×日

午後、本校に出かけ、卒業式次第を校長にみせてきた。『君が代』は抜いてある。校長が読んでいる間わたしは少しどきどきしながら何というかと待っていた。校長は『君が代』のことは気がついたのかつかないのかしらないが何もいわず、記念品はＰＴＡからは出ないから、記念品贈呈は、町役場の人にしてもらった方がいい、といっただけだ。わたしも何もいわなかった。ちょっと拍子ぬけした感じだ。分教室なぞどうでもいいからなのかな、とも思う。

帰り、わたしは一難去った思いでほっとしていた。職員会議のあった日から一週間近いきょうまで、わたしはずいぶん『君が代』問題で頭を悩ましていた。

中学の村山先生は「ぼくは『君が代』にはそれほど重きをおいていない。そりゃ職員会議などで問題になれば反対はしますがね。もし先生がそのことで窮地に立つようなら妥協して中学もうたいますよ」という。

わたしは前の本校にゆき、『君が代』に関する資料などをもらい、いろいろ話をきいた。そして教育思想の問題として討議すべきことを教えられた。

だが、校長と話し合う時のことを考えるとどうしても必要以上に身構える自分をどうしようもなかった。それは、三、四日前校長に、子どもたち二人が風邪で休んでいるから、臨時休校の扱いにできないか、と電話した時の校長のことばにも刺げきされていた。校長は、休校になどしなくてもいい、治るまで休ませておけ、といい、

「――ぼくもこの前の職員会の時は、風邪をひいていたけど、きっと『君が代』が問題になると思って出てきたんですよ。あなたは反対しましたね。次の日一日ぼくは休みましたがね。子どもに事故でもあった時しらせて下さい」というのだ。反対しては悪いのか、よけいなことをいう人だ――わたしは反発を感じ、ますます校長との話し合いが決裂する場面ばかり予想してはどきどきしていた。

だが、校長だってきっとわたしと同じように職員の圧力を感じて身構えているところがあるにちがいないのだ。そこへこちらもこちこちに武装してゆけばぶつかるにきまっている。頭から校長を権力者と意識しすぎて、仇敵にでも立ちむかうような固さをほぐさねばなるまい。話し合う気持で、ゆとりをもってゆこう。弱い者ほど、固くなりすぎ、いきみすぎるのだ。それに全生にはここの特殊事情がある。補助講師たちの意向も『君が代』反対だ。そういう意見を無視することはできない。そういうことをも問題にされたら言おうと思っていた。それでも校長が歌えといったらどうするか、いったい校長にはそうおしつける権限があるのかどうかしらないが、その時はともかく、帰ってもう一度相談してみる、あるいは校長が来園して、講師たちと話し合ってくれ、といおう、と考えていた。

こんなに心配したことがことなくすんだ安堵でいっぱいだったが、考えてみれば、これでわたしの臆病さが鍛えられたわけでもない。偶然のようにむこうが外れてくれただけだ。問題は依然として残され

ている。ただひとつ忘れてならぬことは、教育上の問題がでてきた時は、つねに憲法の主権在民、基本的人権、教育基本法の精神、そういうものをよりどころにして、民主主義の理念に合うかどうかを判断することだ。その立場をはっきりふまえれば、かなり発言できるはずだ、ということだ。あまり政治的な発想から物を見、物を言おうとするから、わたしは校長を権力者と意識しすぎて、よけい臆病になるのだと思う。

三月×日

算数の時間、次のような問題があった。

ブタの子の目方が一月に一キロだったのが七月には五七キロにふえ、次の年の一月には一五〇キロにふえた。一月から七月まで何キロふえたか、七月から次の年の一月までいくらふえたか、というのだ。陽子は最初のふえた量をどうして出すかちょっととまどっている。重さの単元の問題なのだが、かけ算やわり算をたくさんやってきたあとなので、頭の切りかえができぬようだ。少しばかり難行したので、授業が終わる時、緊張をほごすつもりで、「ずいぶんこのぶたは、コロコロに大きくなったわね。一五〇キロっていうとわたしの三倍半ぐらいの重さね。きっともうすぐと殺場へつれていかれて、ボインとやられて、おいしいブタ肉になっちゃうだろうね」といった。すると陽子は少し笑いかけたが「人間だっていつか死んじゃうんだもんね」という。わたしはギクリとした。少しばかり非人間的な軽口をたたいたらしい。

「陽子ちゃん死にたくない?」とへたな質問をすると「死にたくないよォ。こわいもの」という。「そうね、死ぬと自分がなくなっちゃうんだものね。陽子ちゃんは体をじょうぶにして、八十までも九十までも長生きしなさいね」

「先生、人間はよいことをすると、死んでから天国にいくんだってよ。キリスト様は天国にいるんだって。悪いことをした人は地獄へ行くの」

「天国ってどこにあるの?」

「ずっとね、雲の上の方だって」

「じゃ、行けそうね。月世界にだって人工衛星が行くんだから」すると陽子は立ち上がって黒板の前にいき、下の方に家をかき、上の方の左に楕円をかいてこれが天国だといい、右の方に並べて楕円をかいて地獄だという。

「オヤオヤ、地獄も雲の上なの? 陽子ちゃんはどっちにゆくの?」

「陽子はね、このまん中だよ」といって、天国と地獄の中間にもう一つ楕円をかき、その楕円をさらに二つにわけて、天国と地獄があるのだという。そのころの陽子はもうほがらかに笑いながら、いたずら書きのような気分で書いている。さっき陽子を一瞬おそったらしい死の恐怖は去ったようだ。わたしはほっとした。

三月×日

中学の文集「青い芽」を読む。読むといっても、六〇頁近い内容のうち三分の二は版画だ。一年間の行事や生活が版画に彫られている。画才のないわたしは、よく彫ったなと感心するほかない。

等《ひとし》の作文が載っている。去年の文集に、「ぼくの将来」という題で、希望がない、と書いた子だ。ことしの題は「わが道をゆく」というのだ。題名からも察しられるように、等はいちおう「わが道」を見つけたらしい。進学は断念、自動車の整備工をやることにし、就職もだいたい決まった、という。そのことは作文の終わりに書いてあるのだが、こうして具体的に働く道がきまったので等は「希望の光がさしたのである。目ざめたのである」と書き、「おれは社会の雑草として生きようと思う」と書くようになったのだろうと思う。

また、中学の終わりごろになったら尊敬ということの意味、先輩ということの内容も理解できるようになった、ともいっている。人のいうことをすなおにきく気持になってきた、というのだ。また、今までは自由だけを使っていたが、これからは責任ということを重んじるのだ、とも書いている。

村山先生は「オレはこれでやっと安心した。変わったことを書くよりも、すなおなふつうの気持になってくれた方がいい」という。

だがわたしはちょっと異論がある。たしかに担任としては、希望がない、なぞといって卒業されるよりは「わが道」をともかくみつけ、すなおな気持で出ていってもらった方がいいだろう。わたしも他人の不幸を願っているわけではないが、等の去年の作文のもっていた深みにくらべれば、ことしのそれは、何か底の浅い感じをうけるのだ。あまりかんたんに光がさしすぎた、という思いが消せない。あまりに心情主義的に解決しすぎている、とも思う。就職という具体的きっかけはあったとしても。

あまりかんたんに光をみつけすぎると、それはまたあっけなく消えてしまいそうな気がするのだ。等は社会に出れば、きっとまた何度か失望するだろう。心を入れかえたり、見方をかえただけでは解決できぬ壁にもぶつかるだろう。そういう壁の正体を見きわめ、つき破る強さもぜひ持ってもらいたいものだと思う。

三月×日

卒業式が目前にせまっているので、さち子に答辞の練習をさせた。その中の一節に「――三年の陽子ちゃんとは三つも年がちがうので、遊ぶのもあまりおもしろくありません。けれど遊ぶ人がいないよりはいいです。ほんとはわたしと齢が同じくらいの友だちがほしいのです――」というところがある。その前までできたらさち子は、となりの陽子をみながら読むのをためらっている。悪いと思うのだろう。わたしは「いいから読みなさい」とすすめた。さち子が読むのを聞いていた陽子は、読み終わると、「三つなんかちがわないよ。陽子はお誕生日がすぎたから十《とお》になったけど、さち子おねえちゃんはまだだから十二でしょ。二つきりちがわないよ」という。さち子おねえちゃん、さち子おねえちゃん、と夕ヨリにしているのに、さち子おねえちゃんからは、相手にとって不足だ、といわれてはがっかりなのだろう。

もういちど読みなおさせていると、陽子は指を二本つき出して、しきりに二つしかちがわないということを主張している。

《卒業式の当日は、とうとう陽子はさち子に問題の個所を変えさせてしまった。答辞を読みつつさち子はそこへくるとわたしをふりむいていた》

三月×日

就任以来三度目の卒業式。

会場は去年と同じ中学の教室で紅白の幕をはりめぐらして行なう。

卒業生は、小学校はさち子ひとり。中学は男の子ふたり。去年「ぼくの将来」を書いた等《ひとし》と守《まもる》だ。

わたしは学事報告で次のようなことを述べた。

「――次に予算のことを申し上げます。プリントをごらん下さい。小学校側の最終要求額は四万六千余円あったのですが、実際に使えたのは、プリントにありますとおり、一万八千円ばかりです。約三万円ばかり少なくなっております。去年までは三者懇談会で庁費補助という形でいちおう予算化されたのですが、ことしは話し合いがなされず、必要なものは買うという形にされてしまい、それがこういう結果になったわけです。

またプリントに載せようにも載せられなかったのですが、全生会の図書予算から毎年出ている三千円の学校図書は、今日にいたるまでとうとう購入されませんでした。ずいぶん何度も催促したのですが、しまいにはくたびれてしまいました。一九五三年から派遣教師が派遣されるようになって、約十年たちますが、小学校の図書の貧しさがどんなものか、お帰りの節でもぜひごらんいただきたいと思います。

いつ、どんな時に、どんな本を読んだか、読まなかったかということは、その人の生き方の上に大きな影響をもつものと思います。わたし自身、この本はもっと前に読むべきだった、とか、この本を読んだおかげで、人生観や世界観がかわった、という経験をもっておりますし、また学校図書館法にも、図書の重要性をうたってあります。子どもたちもいくらテレビに吸いつけられているといっても、よい本は、ほんとに喜んで読みます。図書の時間はあれど、読むに本なし、という実情でした。

また、予算問題とは少しちがいますが、ストーブのことでも、ずいぶん学校は困りました。園当局は燃料費節約のため、石油ストーブに切りかえるということでしたが、いつまでたっても学校はつけてもらえず、数も減らされてしまいました。

予算のことにせよ、ストーブ問題にせよ、ヒューマニズムの、誠意のと難かしいことをいわなくとも、事務的処理で間に合うことがたくさんあったと思いますのに、それさえ満足になされませんでした。

毎年のようにくりかえされてきた予算問題やその他のことで、学校側は、園当局に対して非常に感情的になってしまっています。

この三年間を通して、つねに学校側と園当局とを対立させてきた考え方の相違は、前者が質を基準にして考えるのに対して、後者、園当局は数量を基準にして考える、というところにあったと思います。

またわれわれの要求は、何度か社会常識に反する、といって拒否されました。社会常識ということばもかなりあいまいなものだと思いますが、数量を基準にした考え方が園当局者のいう社会常識の一つであった、ということはいえると思います。人数が少ないのにそんなに金がいるか、テレビがいるか、ストーブがいるか、紙がいるか、といったぐあいでした。しかし、社会常識というのはせいぜい現在に通じる考え方ではないか、と思います。教育は未来に通じる仕事です。社会常識だけで教育を論ずることはできない、と思います。

もし、人間が尊いものであると思うならば、教育は大切なものであると思うならば、それは数量によって左右される問題ではないと思います。ひとりといえどもおろそかにすることはできないと思います。

らい予防法にも、『――教育に必要な措置を講じなければならない』とうたってあります。しかし、何が必要かを決めるのは、いつも園当局であって、学校の要求は重くみてもらえませんでした。これは逆にしてもらいたいと思います。

来年度は小学校はたった一人になってしまいます。この分でいくとどんな取り扱いをうけるのか、教科書さえあればいい、ということになりかねないな、と恐れと責任を感じさせられています。

外部からのお客様もいらっしゃるところで園当局を批判することは、できるなら止めたいのですが、言わずにはおれぬ状況にまで追いつめられているのであえて申し述べました」

終わりの方で声が少しふるえたけれど、思ったより上がらなかった。

あとで園長が式次第の「感謝の言葉」のところであいさつしたが、次のように言った。

「――学校に対してももっと気を配らねばならないのに、気の配り方が少なくて申しわけなかった、ときょうはつくづく感じさせられました」

弁解がましいこともいったが、ともかく園長は謝まったのだ。わたしは意外な気持でそのことばをはっきりとうけとめた。そしてはじめて園長に対して少し親しみを感じた。

中学生たちは、卒業生二名と在校生二名が向き合って詩を朗読した。その詩もなかなかよかった。

式後、分館長のO氏がいう。「きょうは覚悟はしていたが、鈴木先生にガチッとやられたな。マ、実感だろうからしかたがない。来年度はああいうことを言われぬようにやりましょう」という。いいとこあるな、と思ってしまう。

午後、本校へ俸給をもらいにいくと、校長が「鈴木先生、粘ったな。感心して聞いてたよ。園長が謝まったもんな。毎年あんなふうにやるんですか」という。「いいえ、今までは遠慮してたんです。でももう来年は小学校の卒業式はないし、言ってもどうということはないかもしれないとも思ったけれど、いっちゃったんです」

「中学生の詩もうまいね」

「ええ、あれは講師の比良野さんが指導したんです。小学校の免状ももってないらしいんですけど、中学校の去年の答辞や作文もとてもいいんです」

「いい卒業式だった」ザマアミロ、「君が代」なんかなくたっていい卒業式はできるんだ、とわたしの内心の声がいっている。でもむろんよく考えればいい卒業式だったなんていわれていい気になってはおれないのだ。

読書の意義だの、人間の尊厳だの、教育の重要性だのとある意味では分りきった、あたりまえのことを気はずかしさをこらえてことさら正面きって言わねばならぬ現実がある、ということ、そしてそんなことをいうとなにがしかの説得力や感動力をもつという現実があるということ、が大きな問題なのだ。

だが、わたしは、言えばきっと憎まれ、仕事がなおやりにくくなるかな、とおそれもした。しかしいってみたら案外すなおに受けとられたのには意外の感がした。会計課長や事務部長は欠席なので、彼らの反応がみられないのが残念だったが——。

今日の卒業式でもう一つ書いておかねばならぬことがある。それは、三年以上勤めてもらった講師たちに、それぞれの学校長から感謝状と記念品を贈ったことだ。小学校は川野先生（五年勤続）とやめた波多野先生（約三年勤続）。中学は竜先生（六年勤続）と比良野先生（三年勤続）。提案者は村山先生だった。彼らこそほんとに子どもたちとつながり、無償の行為に甘んじて働いてくれた人たちだ。わたしはすぐ賛成した。しかし次の日、村山先生に「表彰状より感謝状とした方がいいと思うんだけど。表彰というと、いいことをしたからほめてやるぞ、というふうにいかにも上から物いっているような感じをうけるんですがね」というと、何か虫のいどころでも悪かったのか、村山先生は怒り出し、「表彰だって感謝だって同じだ、中学は表彰でいく」という。「じゃ、ともかく書くだけは書いてくださいよ」というと承知した。わたしはなにも怒る必要はないだろうに、と気が重くなったが、次のような文案を考えた。

感　謝　状

川野　孫六殿

あなたは、五年間にわたり全生園分教室の教育のため骨身を惜しまず尽力され、子どもたちの人間形成の上に、学力向上に、よい感化と著しい効果をあげられました。

また分教室の運営上の諸問題についても、常に熱心な協力をいただきました。

ここに記念品を贈呈して、心から感謝いたします。

学校長名

右の案をともかく村山先生に読んでみた。するとまだ怒っていて「美辞麗句だ。中学は別に考える」という。本気かどうかしらないが——。美辞麗句がそっくりあてはまるほど講師の人たちはよくやってくれたとわたしは思う。

村山先生は、絵はうまいかもしれないが、文章はへたくそなのをよく知っている。ヘン、美辞麗句ですみませんね、そちらはどんな美辞麗句ならざる名文ができるかおたのしみにしてますよ、だ、とわたしも腹がたってきて、そんなことを思っていた。

しかし賞状を書くころは、どういうわけか気げんがよくなっていて、中学の方も感謝状にして、文章もわたしのをそっくり書いた。ヘエ、美辞麗句をお書きになるんですか、と言いたかったが、だまっていた。

右のような経過をたどったのだけれど、園長や校長も講師たちの協力にふれないわけにいかなくなったし、講師の人たちは正直のところどう思ったかわからないが、当然すべきことをしたとわたしたちは思っている。

三月×日

陽子が学校に、正田昭氏の手紙と、いっしょに入っていたという舞妓のえはがきをもってきた。

正田昭氏というのは、このごろジャーナリズムで時々とりあげているが、一九五三年バー「メッカ」で起こした殺人事件の主犯として、死刑が確定している人である。先日は、雑誌「群像」の新人賞の選定の時、最終的に残された五篇のうちに入る小説を書いた、ということで、新聞や週刊誌で取り上げられている。

氏は、獄中でカンドウ神父の教化で罪を悔い改めクリスチャンとなり、カンドウ神父亡きあと、いまは全生園に出入りしているアヌイ神父が、正田氏の教誨師になっているということでこの神父のなかだちで、友子と陽子は文通を交しているという。

陽子の日記やことばの中に時々正田氏のことが出てくるので、いつかわたしも関心を持つようになっていた。正田氏の手紙は全文左の通り。

陽子チャン

お心のこもった品々をほんとにありがとう《これは陽子が鉄棒人形とおし絵を送ったことに対するお礼のことばである　著者》

さっそくピョコピョコ踊らせてひとり笑っています。とっても上手にできていますネ。

さていよいよ　四年生

ますますよい子でいて下さい。

ボクも……といいたいけれど

余り利口でないので、とても陽子チャンのようにはなれません。でも一つだけヒトにはできないことがある。それはベロでハナをなめることです！（本当です!!）

ためしてごらん……できないでしょう。

ウソつきの罰で、こんなに長くなってしまったのでしょうか？

　では又　お元気でネ　　日よう日夜　　A・S

まっ白い便箋に、小さな、ハンを押したような字が、横書きに少しもまがらず書いてある。陽子は「よくこんなに曲らずに書けるね、先生」と感心している。

それもそうだが、わたしは、雑誌の写真でみた、逮捕された時の、眼鏡をかけた、ちょっと冷たい、神経質そうな感じのする正田氏を、この字はよく表わしているな、と思った。だが文面は、罪を犯した者のそれとないひかえ目さと、あすしれぬ死刑囚が書いたとも思われぬゆとりを持っている。

慶應大学の経済学部を優秀な成績で卒業したという人、小説を書く才能もある人、そして今は人なみ以上に人間的になっている人、なりうる可能性を持っていた人がなぜ殺人罪などを犯したのか。

わたしだって感情的にあんまりせっぱつまってくると、じゃまだと思う者は殺したくなるような、死を願うような気持が起きないとは言えない。が、それを実行するまでにはやはりかなりの距離がある。それは逆にいえば、善にも悪にもなにごとにも徹し切れぬわたしのあいまいさの原因だとも思うが。

「ね、陽子ちゃん、こんなりっぱな人が、どうして人を殺すような悪いことしたのかねえ」

「お金が欲しかったんだよ」

「誰だってお金は欲しいでしょ。けれど悪いことをする人は少ないでしょ」

「正田さん、そん時は気が変になってたんだって」陽子はかんたんに答える。

もしわたしが殺された当人だったら、おそらく正田氏を許しはしないだろう。別に恨まれることをしたのでもないし――いや、被害者の悪といえば、それは彼が金を持っていた、ということだ。金なしに生きられぬ社会ゆえに、逆に、それを持っていることは悪なのだ。なぜならそれは多くの犯罪の原因になっているから、また人一倍生きたがりやでもあるから。だが、殺され損のような気はするが、正田氏の今の状態を少しでも知ると、死刑にまでしなくともという気持になるのも事実だ。

正田氏が改心したのは、死刑の判決前か、判決後、死の問題に直面したからなのか、詳しいことは知らない。しかし時期の問題もあるとしても、氏の場合も結局、人間の二重性を証明しているにすぎぬのだろうか。パスカルのいった「考える葦」としての人間の偉大さと悲惨さ、美しさと醜さ、神性と魔性を証明しているにすぎぬのだろうか。だがそれだけの解釈では何の解決にもならぬだろう。正田氏の精神的に恵まれなかったという家庭環境、さらに一九五三年という、もう少し枠を広げれば戦後という日本の政治的、社会的状況のあり方、それらのすべてのからみあいの中で論じられなければならないだろう。その場合、個人の責任をどこまで追求するか。罪の償いのしかたは、死刑以外にないか、そう考えてくると、やはり死刑にまでしなくとも――と氏に対して好意的にならざるを得ない。

三月×日

修業式。卒業式は終わったが、さち子はひとりで舎にいてもつまらないので、学校に来て授業をうけていた。だがいよいよきょうで小学校はほんとうにおしまいだ。

修業式―といっても改まって何もないが―が終わって、ふたりは机の中にしまいこんであったものなぞみなとり出して整理し、帰るばかりになった。

わたしはさち子にいった。

「さっちゃん、どうもお粗末さまでした。中学へいったらもっとがんばってね。――はい、お別れの握手」軽い気持で右手をさし出した。するとさち子は、わたしの右手を両手ではさみ、身体を二つに折りつつ全身の力をこめて握りしめていく。なかなか放さない。こんな握手をされたのは初めてだ。少しびっくりしていた。

となりの席の陽子はうつむきかげんに整理している。感受性の強い子なので何か悲しがっているのかもしれない。わたしは左手をさし出した。

「はい、陽子ちゃんとも握手。四年生おめでとう」すると陽子もさち子のように両手にはさんで握りしめる。

さち子の握手を思い出すと、少しざらついている手の感触（さち子の皮膚は荒れ性なのだ。病気のせいかもしれないが）とともに、何か熱いものが腹の底から湧き出すようだ。彼女があんな感情をこめた反応をみせようとはまったく思いもかけなかったからだ。それとともに、ほんとうにお粗末だったな、といまさらのように反省させられてくる。

性質がやさしくすなおな彼女は、時に強くなるわたしの語調によくオドオドした目つきをしたものだ。国語もだいぶ読めるようにはなったけれど、読解力はまだまだだな、

社会の授業も、もう少し分るようにできたはずだな、

体操も鉄棒などもっといろいろ覚えられたろうに。（体の柔かい彼女は、鉄棒の上を渡り歩いたり、木登りが上手だったりした）波多野先生が退めてしまってからは、わたしはできないので、ほったらかしてしまった――。

なまぬるい自己批判には目をつぶろうとしていたのだけれど、さち子の熱烈な握手にあったらやはり苦い思いがこみあげてくる。

序にかえて

——筆者のことなど——

神戸大学教授　猪　野　謙　二

鈴木さんが自由大学のサークルにはいったのは一九二八年の七月だというから、私がはじめて彼女を知ってからもう十年余りにもなるわけだ。いま思い出すと、さらにそのいくらか前に、たしか駿河台図書館の講堂で自由大学の連続講座が開かれ、私も請われるままにその文学の部門を担当した。ところが講座がたぶん相当の成績をあげて終了すると、そこに集まった人たちが、このまま解散してしまうのは惜しいので以後はサークルのかたちで勉強してゆきたい、ついてはひきつづき面倒をみてくれないかといってこられた。もともとこの自由大学ぜんたいの企画や運営については私はあずかるところがなかったのだが、ただ以上のゆきがかりから、以後二、三年の間その文学サークルの講師として、あちこちの会館の一室などでそれらの熱っぽい青年たち婦人たちとおつきあいをすることになった。何しろ熱心な人たちばかりで、のちに私が病気になって一年余りの静養を余儀なくされると、大挙して手ぜまな自宅にまで集まってきてくれたりもした。そしてその中には、いつでも鈴木さんの姿があったのである。福島県での教員生活をやめて上京、どこかの出版社に勤めているということだった。

格別多くを喋る人ではないが、終始くい入るようにこちらの話をきいていて、私のもののいいかたがとかく気分的に飛躍したり、必要な断定を避けたりすると、控え目にだがきまってそこを衝いてくるようなところがあって、強く印象に残った。自由大学のサークル全体の特徴としても、文学の勉強をしている人が同時に古在由重さんや高桑純夫さんの哲学、小林良正さんや宇佐美誠次郎さんの経済学、あるいは南博さんの心理学のサークルにも出ていて、その思考の型や問題意識が、おそらく類のないはば広さや強靱さをもつように育てられていた。古在さんの哲学サークルはいまもなお継続されているそうだが、とにかくこんな風にして十年以上も学びつづけてきた何人かのひとたちは、当然この得がたい特徴を、またそれゆえの自信のようなものをそれとなく身につけている。私には戦後盛んになったいわゆるサークル運動の全体を批評する資格はないが、すくなくともこの自由大学サークルは、そんな意味ですでに注目さるべき独自の結実を示しているようだ。先日も、三宅島の定時制高校に女教師として単身赴任し、大変苦労をしてきたNさんの話をきいていてそれを思ったが、今度鈴木さんのこの本を一読して感じたのも、まず第一にやはりそのことであった。

これは、今日の教育界の最末端で精いっぱいに生きぬいている著者じしんの人間記録であると同時に、らい療養所内の学校というきわめて特異な状況の報告である。この二つの側面が過不足なく結びついていて、私たちをひきつける。読者の誰しもが感じられるところだろうが、ここには「働くものの……」といったあのとくべつの気負いなどがあるわけではない。また何か自分の体験の異常さを強調したり、あるいは浅いところでただちにこれを一般的な状況に結びつけて、声高にものをいおうとしたりもしていない。といっても、その心情の切実さに溺れて全体の展望を見失ったり、困難な日常に馴れていつしか現実の不自由や非合理と妥協してしまったりするようなところは決してないのである。そのときどきに当面する事態を着実にうけとめて、これをできるだけ原則的なところに立ち返って考え、妥協のない行動へと移してゆく。いちいち例をあげないが、その坦々とした芯の強い生きかたには、時に思いがけないユーモアをさえ交えたすがすがしさが感じられる。

ここに描かれているのは、きわめて特殊な教育環境であり、それ自体がじゅうぶんに私たちの関心をそそるものだ。福祉国家などという看板のかげのうすら寒さや官僚臭さに腹を立てたくなったりするのも、おそらく私だけではあるまい。しかしこの本の興味は、たんにそのような対象の特殊さにだけ見出されるのではない。それが特殊なものであるだけに、かえって、一般には見過ごされがちなさまざまの教育上の問題、学校運営上の諸問題が、あたかも一つの実験装置にかけられたような明確さをもって私たちの前に提示されている。もっとも基本的な人間の尊厳とその擁護の問題、それに繋がる教育の問題を、私たちは著者とともに、その根本の次元において考えさせられるのである。全体として、この種の記録がややもすれば陥りがちな、いわゆる私小説風な精神主義などからもほとんど自由で、自他に対する適確な観察と生き生きとした表現によって満たされているのも、おそらく多年の勉強が培った著者の人間としての実力、あるいは確かな思想的骨格の故にほかなるまい。そしてそれが、この本の美点でもあると思う。

私は鈴木さんのこの仕事のために、ほとんど何のお手伝いもしてはいない。サークルの機関誌が出ていたころから、その文章を読んで書ける人だとは思っていたが、他の人たちに対してと同様、とくべつにそれをいって何か書くようになることをすすめた覚えもない。鈴木さんの最近の手紙によると、私に何とかして自分の文章を認めさせようというのが、こういうものを書いてみた一つのきっかけになっているそうだが、もしも何らかの点で役に立つことがあったとしたら、おそらくはせいぜいその辺のところでしかあるまい。しかし、この本の原型になった文章を「多磨」という雑誌で読み、さらに古在さんの骨折りによって「世界」誌上に掲載されたものを読んだときには、彼女もとうとう一つの壁を突き破ったなと感じ、そのことがやはりひじょうにうれしかった。鈴木さんはいま日本文学協会の国語教育部会その他に属して勉強しているが、この本を今後への確かな道標として、何よりもまず、みずからが再発見したその教師くさくない新しい教師としての道を、さらに力をつくして切りひらいていって欲しいと思う。私をも含めたこの本の読者の多くが、熱い期待をこめてそれを見まもってゆくはずである。

【『らい学級の記録』一九六三年所収】

あとがき

おととし、一九六一年の春、全生園の患者の出している月刊誌「多磨」の編集部から、子どもたちについて何か書いてくれ、と頼まれた時、わたしは書けそうだと思ってすぐ引受けた。

だが、書けそうだ、書いてみたい、と思ったのは、子どもたちのことよりも、むしろ、子どもたちとの生活を通しての自分であった。これはこの記録全体を通しての基本的なテーマとなっている。それはわたしの全部ではない。しかしやはり全部のわたしに通じる基本的な問題の一つが出ていると思った。

それは、理性と感性の対立、分裂、といった問題である。思想と行動、理論と実践の対立という問題である。ヒューマニズムとエゴイズムの対立といってもいい。こういうわたしの二重性をどう統一するか、できるか、といった問題であった。

それへの追求が十分果たされていたわけではないが、「らい園の子ら」と題した四十枚ばかりの作品は意外に好評であった。

まったく何年ぶりかで自作をホメられたわたしは、ずいぶんいい気持であった。長い間の劣等感がだいぶ薄らいだ感じであった。わたしが書くことへの未練を捨てきれないとすれば、いまの時点で人から認められることはぜひ必要なことだったと思う。おしまいには、薄い「多磨」誌を人に贈るのが楽しみであった。あの人は何とホメてくれるかな——と。いくつになってもホメられるのはうれしいものだ。

それがほんものの賛辞であるかぎり——。

わたしが十年近く行っている哲学サークルの古在先生は「多磨」誌を「世界」の編集長に渡して下さった。これも思いがけないことだった。しばらくして「世界」の編集部から原稿を頼みにみえた。去年の三月である。「らい学級の記録」と題した四十枚ばかりの作品が「世界」六月号に載った。二十枚ぐらいと頼まれたのに四十枚も書いたので、適当に削って下さい、といったのだがみんな載せてもらえた。生まれて二度目の多額の原稿料をもらった。活字になるようなものが書けたかな、と心配だったが、これもわりと好評だった。

ついでわたしの属している日本文学協会の編集部から、機関誌「日本文学」に書かないかといわれ、また書いた。これもわりと好評だった。

この「日本文学」に載った記録を、明治図書の江部満氏が認めて下さり、本にまとめないかとのおすすめをうけた。

わたしは喜びとためらいを感じた。

一生に一冊ぐらい自分の本が出せたらという願いが果されようとしている、という意味ではうれしかった。しかし、本にするとなると、まず考えねばならぬのは、これがらい患者の解放に少しでも役立つかどうか、ということだと思った。役立たないまでも、せめてそれをじゃましないものでありたいと思った。また退園していった子や、これから退園しようとしている子らの将来に暗影を落とすようなことになってはならないと思うのだ。

いっしょに仕事している川野講師や、患者で小説を書いている若いH君などに相談してみた。皆いちおうは賛成してくれた。ただ書名にらいと出すことにはH君はためらいを持っていた。

わたし個人のためらいもあった。それはわたしが教師の仕事に徹しきれぬあいまいさをもっていることだ。教育への、子どもへの魅力にひかれつつも、一方では書くことへの未練も捨てきれないでいるのだ。その両方に打ちこむことは能力的にも体力的にもできず、といってどっちかに徹することもできず——そういうあいまいさをいつまでたっても克服できないのだ。だからこの作品を教育実践とみられることにわたしは後めたさを感じるし、内容的にも何か分裂した散漫な印象を与えはしまいかというおそれも持っている。

だが、まわりの人々がすすめてくれるし、最近沈滞している自分を励ますためにも書くことにした。わたしなりの文学作品として。文学と実践記録は決して相反するものではない、記録も文学だと思うが、自負めいた言い方をすれば、たんに教育実践記録というだけでなく、ひろい意味での人間と社会を少しでも書いてみたいと思ったのだ。

四月から四年生の陽子と一対一の授業が始まっている。川野講師にも無理にいてもらっている。陽子はなかなか魅力のある子だ。その魅力に惹かれて、できるだけおもしろく、分りやすい、いい授業をせねばならぬ、と励まされているのが実情だ。

陽子もうまくいけばことしぐらいで退園できよう。そして一日も早く「らい学級の記録」などという名の記録が過去のものとなること、それがらい者やらい学級のもつ特殊的な問題のいくつかを解決する道であり、(もちろんここの問題はそのまま一般社会の問題であるものが多いのだが) その時彼らは、そしてらい者でない者も一歩幸福に近づいた、ということができるだろう。

わたしがともかく一冊の本が書けるようになったのは、遠因にさかのぼれば、自由大学サークルのおかげである。ほとんど無報酬に近い冷遇を受けながらも、お忙がしい中を、熱心に講義して下さった、あるいは今もして下さっている諸先生方のおかげである。

また、「世界」に紹介して下さった古在先生、つたない作品を認めて下さった江部氏、書け書けと励ましてくれた友人たちのおかげでもある。

そういう多くの人の善意やヒューマニズムが積り積ってこの一冊の本が出来上がったのだと思う。それはわたしを謙虚にし、信ずるものがあることに気づかせる。

右の方々にあらためてお礼を申しあげたいと思う。

一九六三年新緑の美しい日に

著　者

〈2〉

「らい問題」諸論文の再録

Ⓐ　神谷美恵子と「らい予防法」

私は二〇〇〇年「書かれなくともよかった記録――『らい病』だった子らとの十六年」を出版した。動機は「前書き」に書いたが、一六年間（一九六〇―七六）全生園分教室小学校に勤めておりながら、九六年「らい予防法」（以下法と略称）が廃止されるまで、それが隔離不要という世界のらい常識を無視した人権侵害の悪法であることを知らなかった。知ろうとしなかった無知ゆえに悪法存続に加担したことへの反省と、国家権力に対する怒りが、一六年間の仕事への反省を迫ってきたのだ。私が分教室に就職したのは生活のため、「大人には伝染しない」という医者の言を一応信じたからだが、隔離政策に疑いは持てなかった。それは法の形象化としての広大な自然に囲まれた部落といった存在が「伝染病」の恐れに縛りつけていたのだ。法は必ず形をとる。「形から心」への強制である。それに縛られないのは少数のエリートである。

先日全生園の資料館に行った時、私はお茶を御馳走になったが、それはおいしく飲めたし、出されたたくあんも食べた。あいにく砂糖入りらしく私の口には合わなかったが、それらの行為にためらいはなかった。在職中の私には出来なかったことだ。子どもとよく職員室で紅茶を飲んだりしたが、それは私が掩れたものであり、その逆はなかった。以上は私も元患者達もともに悪法から解放された一つの証明になるだろう。

右の私の経験を踏まえた上で、神谷美恵子（一九一四―一九七九）と法との関係を考えたい。法とはらいへの医学的、歴史的、社会的差別偏見、無知無関心を正当化、温存化したものである。彼女は法をどう捉え、どういう態度をとったのか、それはなぜなのか、それはまた政治的、客観的にどんな意味を持ち、どんな役割を果したのか。彼女の生涯と著作を辿りつつ考えてみたい。

三三年（一九才）、初めて全生園を訪問し患者に接した彼女は、らい者のために尽そうと決意する。父の反対を押し切り医学を修め、ついで念願の精神科医として愛生園に勤めるようになる。らい者のために尽そうとするならまずはらいについて医学的に広く深く研究するのが当然であろう。だが彼女の視野に小笠原登（一八八八―一九七〇）は入って来ない。彼は京都大学医学部でらいの外来治療を行っていたため、四一年らい学会総会で国賊扱いされ孤立させられる。彼女は二七才、女子医専生であった。代りに彼女が一目惚れしたのが愛生園を見学した時（二九才）の園長光田健輔（一八七六―一九六四）だった。らい学会を支配し隔離撲滅主義者だった彼を彼女は「偉大な人格」という。「歴史的制約の中であれだけの仕事をされ、あれだけのすぐれた弟子たちを育てた光田先生という巨大な存在におどろく。研究と診療と行政と、あらゆる面に超人的な努力を傾けた先生は、知恵と慈悲とを結晶させたような人物」（著作集2）。「たとえそれが自由とのひきかえであったとしても、多くの浮浪患者が困窮のどん底から救われたことは否定すべくもない。この精神の輝きは、歴史を超えて伝達されるべき日本の宝物であると信じる」（「救癩の父『光田健輔』の思い出」ルーガル社刊）。何のための収容であったかといえば、国辱を免れるため、光田にあっては隔離撲滅のためであったことは否定すべくもない。また同見学の時彼女は死体解剖を手伝う。光田が「臭くて暑くて閉口しませんでしたかな」と言うと「いいえ、おもしろくてしかたがありませんでした。学校ではなかなかああ詳しく見ることはできませんから」。彼女には死体解剖を興味深く見るという科学的精神がある。それとともに不治の病であった肺結核療養中に「内なる光」を見たという宗教的資質をも持っていた。

次に彼女の法に対する考え方を、その二著作を通して考える。

1「生きがいについて」（六六年・みすず書房）

右は高校の国語教材にもなったし、一番有名だろう。五七年彼女は愛生園で「精神医学的調査」を行う。「衣食住一応国家保障され、作業や娯楽の仕組みもある中で」半数近い軽症者が「無意味感」に最も悩んでいることに驚く。そして少数者が生きがいを感じていることを知る。以上から「同じ条件の中にいても、生きがいを感じる者と感じない者がいるのはなぜか」という問題意識を持つ。それは彼女のらい者と法に対する基本的考えとなる。「たとえ法により限界状況におかれようとも、人は生きがいを見出すことができる」。その一面の事実は認める。ある元患者は何度も自殺を考えた末に、らいになったからキリストに出会えたという心境に達したという。しかしそれは余りにも精神主義であり、少数精鋭主義だ。そのかげに多くの患者が自殺し、逃亡し行方不明になっている。たとえ患者自身は救いを見出したとしても、一族にまで及んだ迫害の中でどれだけの人々が生きがいを見出したろう。先述した私の経験のように悪法がいかに社会の人々の差別偏見、無知無関心を助長、温存させてきたかという事実がある。日本人の精神状況もまた病んでいたのだ。彼女にとって法は廃止されるべきものではなく、超越すべきものであった。つまり、政治の問題ではなく、専ら精神の問題であった。

2 「精神医学研究」（著作集7）

Ⓐ「癩に関する精神医学的研究」（学位論文・五九年）

Ⓐは①癩及び癩者に対する社会の態度の影響②癩の発病及び経過に対する患者の精神状態の影響③患者の精神状態に対する癩それ自体の影響④患者の精神状態に対する施設収容の影響、の4点から考察している。しかし①を「最も重要な要因」としつつも彼女は①を排除し他の三点についてのみ考察する。結果は隔離されている患者よりも、自宅療養者の方が「あきらめ」の傾向が強い。それは法に背いている負目からだとみる。事実だろうがこれではらい予防法のすすめである。むろん法の存在は問題どころか当然視されている。

Ⓑ「限界状況における人間の存在―癩療養所における一妄想症例の人間学的分析」（六三年）

患者Kは四一年（一九歳）で発病。五二年入園。五七年、宗教的理由から治療を一切拒んだため三五才で死亡した。しかしKは園内で献身的に他の患者の世話をしたことを「精神的存在としての人間の生が脅かされる限界状況に際し―これを克服するために突然働き出しうる力が人間の精神の奥深いところにひそんでいる」と評価する。つまり病いと法によって限界状況に追いつめられながらも、それを超越する力を持っているという解釈らしい。しかし私は、彼が一切の治療を拒否したことに法に対する倒錯した、それこそ命がけの抗議をみる。年代的にいっても、もし法が世界のらい常識に従って廃止されていたならば、彼は狂うほど苦しまなくともすんだろう。

彼女の善意は分るが、法抜きの患者との心の交流は自閉的、心情的な美談、美化に止まるのではないか。それでも話し合える社会人の存在は患者にとっては心慰むことだったろう。しかしそれは社会的に抹殺されているからこそ、いかに社会との交流を求めていたかの証しであろう。

意地悪くいえば彼女は客観的には隔離主義者であった。精神科医の彼女にとってらい者は研究対象として隔離されている必要があった。限界状況におかれた人間心理にはそれゆえにみられる痛切な事実があるからだ。言葉は悪いがその発見は面白いのだ。私もそのいくつかを前記の拙著に書いた。

死の四年前の彼女に「同志」という詩がある。

「こころと体を病んで／やっとあなたたちの列に加わった気がする／島の人たちよ／精神病の人たちよ／どうぞ同志として受け入れて下さい／あなたと私との間に／もう壁はないものとして」（著作集10、月報）。らい者と彼女との間の壁、それは法の壁以外には考えられない。彼女自身いかに心身を病んだとてらい者でないかぎり法によって隔離されることはない。彼女は両者を隔てるものが法の壁であることを意識していたのではないか。その問題性を知りつつも問題化することはなかった。法の廃止ではなく一貫して超越を主張した。かっての結核療養中の「内なる光」体験が然らしめたのかとも思うが、この矛盾は何なのか。一つの視点を挙げてみる。

一九〇七年法によって浮浪らい者を収容して以来、らいは基本的には政治問題だった。政界、学界、医療現場、個人研究者の四者の権力関係は、戦前から近年まで密着、一体化していた。光田がその家長的性格と相俟ってらい問題の最頂点に君臨していた影響だろう。「中央から周辺へ」という思考形式は「光田健輔から周辺へ」の一方通行であり、明治以降の国民国家日本の政治の基本をなす封建的思考方法である。多分ただ一件それが特筆すべき民主化、人権回復のために役立てられたのが、法廃止のために主役を演じた、元厚生省医務局長大谷藤郎の上からの民主化運動であろう。「大谷藤郎から周辺へ」である。それが戦後民主主義の現実であろう（拙稿「戦後民主主義とらい問題」「日本文学」二〇〇一年一〇月号参照）。

さて神谷恵美子に戻るが戦前からの高級官僚前田多門の娘であり、父は戦後初の文部大臣。彼女は語学力を請われてアメリカ占領軍と教育問題や東京裁判に関係している。そういう権力側での在り方が、光田という家長的人格の虜になったことと相俟って、らい問題で彼女の意識を束縛していたのではないか。前記の詩にはその壁——束縛への哀切感がある。

以上は神谷論への一つの問題提起である。異論、反論を期待する。

（二〇〇二・一・三記）

主要参考文献

1「らい予防法廃止の歴史」大谷藤郎著（勁草書房）一九九六年
2「記憶と忘却の政治学」石田雄著（明石書店）二〇〇〇年

【『多磨』二〇〇二年二月号所収】

Ⓑ 戦後民主主義と「らい」問題（林《はやし》 力《ちから》論）

先に同じ題目で、主として元厚生省医務局長大谷藤郎氏の働きを考えたが（「日本文学」二〇〇一年十月号参照）、今回は林　力氏（はやし・ちから。一九二四年生れ。以下林と敬称略）の働きを考えたい。「私の父はらい者であった」という破戒宣言の持つ意義についてである。

1　生い立ちと「被差別部落（以下部落と略称）」との関係

幼少時、昭和恐慌の中で、父は定職を持てず転々と職を替える。托鉢僧、紙芝居等。そのため福岡市の大きな部落に隣接した貧民街で育った。赤貧の中で三人の兄妹を失い、早産児林のみが一人息子として生き残った。

父母は「部落民に比べれば自分たちはまだ恵まれている」と差別を教え込んだ。当時の部落民の悲惨な実態は、林にそれを信じさせた。下には下を考えることによる自己救済であり、魯迅の『阿Q正伝』の主人公貧農の阿Qが、不利な立場に立たされると使った「精神的勝利法」である。

小学六年の時、すでにらいを病んでいた父は、鹿児島県の国立療養所星塚敬愛園に隔離される。母は九州大学付属病院の下足番として働きつつ林を市立商業学校に通わせた。林は貧ゆえに「ただ屈辱に唇を噛むことに精一杯」の少年時代を送る。

戦時下入隊した林は「成績優秀な幹部候補生」「やがて迫りくる死という運命にただ押し流されてゆく存在」だった。

敗戦。復員した彼は、生来子ども好きだったので、入隊前に助教として経験した小学校教師を志す。ただ「絶対に部落のある学校にだけは行きたくない」と思い詰めていた。だが皮肉にも辞令は福岡市内でも最大の部落を校区に持つ小学校であった。林は教師を辞めようとすら思った。「だが住みついてみると、これくらい住みやすい職場はなかった」。若い彼は「夜となく昼となく子どもと暮した」。彼は部落民たちからも子どもを可愛がるいい先生と好評だった。十年勤めた。

だが痛烈な体験もした。ある時林は給食費を滞納している部落の欠席児の家に、封もしない催促状を他の子どもに持参させた。すると父親は差別だと怒り、林を呼びつけた。「わたしはあんたが子どもの頃からどんな暮しをしたか知っている（中略）。ようも先生づらして金取りに他人の子どもを使ったな」と罵った。林は「私の恥部を逆なでする言い方は許せない」と激昂し、もし人だかりがなかったら、「何を言い、何をしていたであろうか」。眠れぬ夜々、林は父親の言分を理解しようと努める。そして「あれだけの貧しさと差別の中で育ったというのに、心底から何ひとつ変っていない自分ではないのか」と気付く。だがその後、仕事にあぶれ、妻は家出、三人の娘を育てていた父親は、行き先を告げず転居していった。「今会いたいと思う。一言お礼を言いたいと思う」「一つの転機であった」と書く。「一般的民主教育」の名のもとに、例えば長期欠席、不就学、給食費滞納等が集中的に部落に存在していても、「部落など口に出してはならぬ。民主社会であり、民主教育であるという建前のもとに、教育の課題として捉える目を持たなかった」と自省する。

林に決定的な影響を与えたのは、一九五六年の福岡市長選挙である。立候補した二人の中の一人が部落民ということで、徹底的な差別宣伝が行われ、部落の側は大敗した。「子どもたちにも差別がばらまかれた」。

「その時なぜ動いたのか、私自身充分に説明しにくいが、部落は逃げられぬものとして常に身近にあった。一般的民主教育の名のもとに、部落問題を避けてきたことへの自責の念から、どうしてもやらねばならぬという思いに駆り立てられた」その上「学校の先生が部落解放問題に関わってくれるのかと手を握ってくれる解放同盟の人々の手の厚さと暖かさ」に「やれると思い、やらねばと決心した」。林はこの選挙を通して、部落差別問題の重大さと人間的連帯の必要性を思い知らされたのだ。彼は部落解放に連なる「同和教育を福岡・九州でゼロから出発」させる。

2　らい者の父との関係

次に、林とらい者として隔離された父との関係を辿り、それが部落解放運動とどのように結びついてゆき、破戒宣言に至ったのかを考えたい。

「私の人生での最初の痛恨の思いは、父ちゃんが収容されてゆく日、父ちゃんの再三の呼びかけにも応じず見送らなかったことです。あれが父ちゃんのシャバでの最後だったのに。どうぞ許して下さい」と七七歳の林は書く。小学六年の彼は、父が家を出る時、衝動的に便所に隠れたのだ。

少年時代（戦時中）の林にとって父の病気は「暗雲がたれこめたようなもの」であり、その頃読んだ北条民雄の『いのちの初夜』に「身体がおののき」「急に（らいが）具体性、現実味をもっておそってきた」。それは父への懐しさを恐怖と嫌悪に変える。「この世に父ちゃんが生きているということが嫌でなりませんでした。いっそのこと死んでいてくれたら隠し通すことができるのにと思いました。父ちゃん、本当にすまないことです。」

戦後プロミン剤が導入され、その特効性が知らされても信じられなかった。少年の日の北条民雄経験に縛られていた。一年に一度位の面会にも「どこか冷たさがあったことを、父ちゃんが一番よく感じていたと思うのです」。林は面会に行く時「まるで逃亡者—誰かに見張られていないか」と恐れていた。

当時としては少数だった旧制中学卒業の父は、園内では総代とか様々な役職についていた。しかし患者間に激しい対立抗争があり、そのような現実が、発病以前から仏教信者だった父をますます信仰の中に引き込んでゆく。全生涯を、宿命、業縁、人力の及ばぬものと観じていた彼はついに、園内に浄土真宗の星塚寺院を建立した。不自由な手で全国の有志に趣意書を配った。冒頭に「早く死んでくれよかしと思わない家族が一人でもいないと、誰が断言できましょうか」とある。「この懊悩行苦の中に感謝合掌の境地を打ち開かれ、生きる喜びを味わわしめるものが宗教である」とも手記にある。

「お前には最早わたしとしての心残りはない。今後絶対に面会に来ることをお断りする。悪く思わないでくれ。なんとなれば別れたあとの後口が甚だ悪い。淋しいこと、やるせないから今後生命ある間は遭わないことに決めた（後略）」。晩年の父が息子に送った手紙である。

六二年父は急逝した。生前息子に求め続けたことが二つある。一つは「仏教を信ぜよ。親鸞の世界を求めよ」であり、一つは「隠せ」である。信仰は父の精神的支えであり、隠せはむろん父の病名である。息子が社会生活を営むための必須条件だからだ。

マルクスは「宗教は阿片」と言ったが、それは自己を抑圧する外部の力を見えなくしてしまうからだ。しかし当時のらい者の置かれた苛酷な状況の中で、自殺しないで生きようとすれば、宗教に縋るほかなかったことも確かだろう。また「らい予防法」が患者の隔離撲滅を目的とした国家の意志である以上、生延びることは、それへの間接的抵抗であった。

3　破戒宣言の意義

林は父の二つの念願に背いた。いまだに不信の徒であり、「私の父はらい者だった」と破戒宣言をした。本に書き、人前で話した。一九七四年五十歳。父の死後十二年経っていた。

前記のように林は五六年「部落解放運動と連帯する形で、福岡・九州での同和教育運動をゼロから出発させ、二六年に亘って県の会長」を務めていた。

「部落解放運動とは、原理的に人間の誇りを取戻す運動であり、それは一九二二年発表された『水平社宣言』を原点としている」。

『①吾々がエタであることを誇り得る時が来たのだ』『②吾々は必ず卑屈なる言葉と怯懦なる行為によって祖先を辱しめ、人間を冒涜してはならぬ』『③人の世に熱あれ、人間に光りあれ』

右のような宣言文（抜粋）のうち林はとくに①に刮目させられたという。「恥でないことを恥と思う時、それは本当に恥となる」と会得した。その頃すでに林はらいを恐れなくなっていたし、同和教育を通して子ども達が「部落民宣言」する場にも出会っていた。部落に生れたこと、らいに罹ったこと、それに働く意志はあっても職がない場合、それらは当人の責任ではない。それを政治や社会の圧力に屈して恥と思う時、自らの人権を放棄したことになるのだ。林は父の戒めを守ることは、父に対する冒涜だと考えるようになった。

私は破戒宣言こそ父の人権回復宣言であり、何よりの親孝行であり、同時に林自身の人権確立宣言であったと考える。林は民主主義、個人主義、自由主義を貫いてみせた。

また権力状況から考えれば、破戒は天皇制国家権力への反逆である。らいは「皇室の御仁慈」を強調することによって憐むべき存在とされ、天皇制を祭り上げる役割りを負わされてきたのだから。戦時中の転向が、絶対主義天皇制国家権力への屈服であり、人権放棄であったことと比較すると、その違いは明らかであろう。

破戒を可能にしたのは、直接には彼がいうように「大学教師」という「恵まれた」状況にあったからだろう。「食堂を経営し、生鮮食料品の販売といった職業だったら難しかったろう」。

より広く歴史的、政治的、社会的視野からみれば、外発性ながらも戦後民主主義―憲法の基本的人権、平和主義尊重の理念があったればこそと考える。しかし五十歳まで待たねばならなかったし、さらに「らい予防法」廃止、熊本地裁勝利判決まで二六年もかかっている。それが戦後民主主義の実態といえばそれまでだが、その長さに対して一票を持つ身として、まして十六年間もらいの子らの教師であった身として、今更のように責任を感じさせられる。

宗教に生きながらも「『シャバの空気が吸いたい』とくり返していた」という父に「父ちゃん、何としても遅かったですね」という林の言葉が胸を打つ。

（二〇〇二・五・十三記）

註「　」内は殆んどが林著からの引用。

主な参考文献（林　力著のみ）
1「解放を問われつづけて」一九七四年　明治図書
2「差別認識への序章」一九八一年　あらき書店
3「若き教師たちへ―『同和』教育運動で学んだこと」一九八八年　解放出版社
4「父からの手紙―再び『癩者』の息子として」一九九七年　草風館

5 「父への手紙」（編著「ハンセン病」より）二〇〇一年　岩波書店

林　力略歴

一九二四年長崎県大村市生れ。西南学院大学卒。小学校、高校教諭等を経て九州産業大学教授。九州大学他九州各地の大学で部落問題、同和教育論等の講座を担当。五六年福岡市で初めて同和教育を提起。八七年「最後は教師にかえりたい」と二六年間務めた福岡県同和教育研究協議会長職を辞す。現在、九州産業大学カウンセラー。

【『多磨』二〇〇二年八月号】

Ⓒ「感傷主義」の諸相（一）（「砂の器」論）

まず題名の「感傷主義」の出典から始める。

一九三八年、小川正子著「小島の春」が二二万部を越すベストセラーとなり、ついで映画化されて大当たりした一九四〇年、太田正雄＝木下杢太郎は次のように言っている（木下杢太郎全集第十七巻　岩波書店　一九八二年）。

「なぜ（らい）病人はほかの病気をわずらふ人のやうに、自分の家で、親、兄弟、妻子の看護を受けて病を養ふことが出来ないのであらうか。

強力なる権威がそれを不可能だと判断するからである。人人は此病気は治療出来ないものとあきらめてゐる。それ故隔離が唯一の根絶策だと考へる。そしてかの女医も、病人には治療を勧めながらも内心では治療の無効を嘆いてゐるのである。病人には気の毒である。しかしそれがお国の爲めである。それが此女医の心であると我我は忖度する。そして其切ない心に同情する（中略）。

癩は不治の病であらうか。それは実際今まではさうであった。然し今までは、此病を医療によって治療せしむべき十分の努力が尽《つく》されて居たとは謂《い》へないのである。殊に我国に於いては、殆ど其方向に考慮が尽されて居なかったと謂って可い。そして早くも不治、不可治とあきらめてしまって居る。従って患者の間にも、それを看護する医師の間にも、之を管理する有司の間にも感傷主義が溢れ漲ってゐるのである。明石海人の歌は絶望の花である。北条民雄の作は怨恨の焔である。而して『小島の春』及びその動画は此感傷主義が世に貽《おく》った最上の芸術である（中略）。

癩根絶の最上策は其化学的治療に存《あ》る。そして其事は不可能では無い。『小島の春』をして早く此『感傷時代』の最終の記念作品たらしめなければならない（後略）」

傍点（鈴木）の部分は、詩人木下杢太郎でもある太田ならではの詩的批評である。心打たれつつも批評せざるを得ないのだ。

太田は当時東大病院皮膚科で、困難ならい菌培養に挑んでいた。らいを化学的に治す方法を探求していた。すでに一八七三年、ノルウェーのアルマウエル・ハンセンによってらい菌が発見され、遺伝ではなく伝染病と判明していたが、太田も化学的治療法を模索していたのだ。また、浄土真宗寺の住職でもあった小笠原登は、京都大学病院で臨床医として、寺での歴史的経験と東西の文献から、らいは治るとの信念のもと、外来治療を続けていた。しかしそれらは暁天の星であり、大勢は太田のいう「強力なる権威」＝光田健輔に従属し、隔離撲滅が最上策と信じていた。一九〇七年の浮浪らい収容法は、一九三一年には「癩予防法」として、すべてのらい者を隔離撲滅する「感傷主義」的悪法となっていた。

太田がらいに関心を持った動機については、次の一文がおもしろい。（全集十七巻・月報）

「（前略）癩に手をつけたのは癩の汚ならしさのためであると彼（太田）はかって筆者に語ったことがあ

る。文学者としての木下杢太郎を脳裡に描いていた筆者は、（中略）辣然《らつぜん》として彼の精神の秘密に触れる思ひがした。（後略）」（「太田正雄論」Ｒ・Ｒ生『医事公論』昭和十五年七月『人物評論』欄）

らい者への非らい者の反応には二面性がある。目前のらい者に対しては、醜怪な外面、伝染性、不治への恐怖等による被害者意識から、患者のみか家族にまで迫害を及ぼす強力な加害者となる。だが一旦作品化されるとその距離感に安心してか、らい者の悲劇的、絶望的状況に惜しみなくカタルシスの泪を流す。偽りのヒューマニストとなる。どちらも「感傷主義」現象である。

以上は強権によって醸成され、合理化、合法化されてゆく側面を持つ。「感傷主義」の持つ政治性、政治化の問題である。

太田は右のような「感傷主義」的閉塞状況を打破しようとして、化学的療法を探求していたのだ。太田は一九四五年敗戦の年、死の床で「シンセリティも必要だが、それはどんな野蛮な人間でも持てる。要はアンテリジェンスだ。それがないのだ」と言ったという。（「終焉の記」『文芸』一九四五年十二月号野田宇太郎記）。

以上は他人事ならず、国策を疑うことを知らず、悲壮感に酔いつつかの侵略戦争を支持した私の自己批評に由来するものである。

右の「感傷主義」が過去のものになったのなら問題にする必要はない。だが私には現在も老いはむしろん若きにも、知識層、政治にも連綿と、脈々と続いていると思われる。その「感傷主義」の諸相を具体例を通して考えようとするのが本稿の目的である。

「砂の器」松本清張原作と映画

原作は、一九六〇年読売新聞夕刊連載の社会派推理小説。単行本、全集、文庫本等合計百万部以上を売り、映画化でまた大当り。学校の団体鑑賞にもよく使われたという。

あらすじは左の通り。

らい者の父を持つ一人息子の和賀英良（経歴詐称、本名本浦秀夫）は、父と放浪していた時、助けてくれた当時の巡査三木が、自分を発見して懐しさに会いに来た時惨殺してしまう。理由は、重病の父が療養所に収容されて一人になった時、養育しようとした三木の家から逃亡し、やがて上京して芸大の教授に音楽の才能を認められ、新進の花形電子音楽作曲家となる。私生活では現大蔵大臣の娘と婚約し、その父を有力な後援者とする。そしてロックフェラー財団の招きで近くアメリカに雄飛することになっていた。その幸運を台無しにするのが、らい者の息子という前歴を知っている三木の出現と考えたからである。和賀は犯行を眩ますために電子音楽と超短波を併用して、ヌーボー・グループと称する仲間や愛人等を直接間接に三人殺してしまい、合計四人の隠れた殺人犯となる。それを中年と若い二人の刑事が東奔西走、紆余曲折を重ねて追跡し、遂に和賀がアメリカに飛ぶべく羽田空港で多数の華やかな人群れに見送られ、搭乗寸前のところで逮捕するという筋である。

問題は、なぜ清張はらい者の息子を殺人犯に設定したかという、彼のらい観である。作中での言及は少ないのだが、「なりんぼうのほいと」という方言としてのらいの異名。中年の刑事の経過報告の中で父親を「中年でライを発病」と言い、三回業病と言っている。業病とは「前世からの悪業の報いでかかった難病」の意で天刑病と同じく、らいの隠喩といっていい名称だ。

以上から察するに、清張のらい観は、驚くほどらいへの無知を表している。念のため、初出の読売新聞、全集の文藝春秋社、小倉の清張記念館等に問合わせたが、彼がらいに言及したものは現在まで不明である。とくにらいの戦後史、一九四三年プロミン剤開発・占領下の沖縄の解放政策・一九五二年WHOの隔離不要宣言・一九五三年「らい予防法」成立等を踏まえていない。だから作品は既成の感傷主義的らい観に寄りかかっているとしか読めない。原作への感想は、らい者の息子ならやりそうなことだ、かわいそうにと、謎解きのおもしろさだろう。

漫画「太田正雄」
R・R生筆

次に映画「砂の器」について

右については映画評論家白井佳夫が「映画『砂の器』が問いかけてくるもの」（編著「ハンセン病」岩波書店、二〇〇一年刊）の中で特に「約四四分に及ぶ最大の見せ場、大詰めのシーン」を詳しく分析、批評している。右の部分こそは特に感傷主義の見本である。

「ホールのステージでは、和賀の指揮とピアノによる、彼が作曲した交響曲『宿命』（映画ではクラシック作曲家）の演奏がスタート。同時にそれに警察の合同捜査会議の進行と、捜査の結果出てきた過去の回想シーンの映像がダブる。その三つのものを同時進行させてゆくという、卓抜なクライマックスシーンの構成。鳴り響くのは—悲しみをこめた荘重な曲『宿命』のフル演奏—その中を巡礼姿の老父と幼い息子の姿が映し出される」「日本各地の四季にわたる風土感をとりこみ、それによって哀しみを盛上げる映像の展開が、この作品に日本の風土から生まれた日本人の哀しみの極まりを、悲劇的に謳いあげていくような効果を生み出す」「このケレンに富んだ大胆なドラマ構成」は「哀しみを受け身の姿勢でひたすらに耐え忍び、それによって観客にしみじみとカタルシスの泪を流させる形のドラマ（人形浄瑠璃→新派劇）の（歴史的）スタイルをふんだもの」という。その哀しみの原因は「宿命」としてのらい＝ハンセン病である。映画は原作の「感傷主義」を拡大深化させたものだ。清張は「『僕の原作の映画化では、これがいちばんいい。ラストシーンの独創的な映画構想などは、原作を越えている』と何度も私に話してくれた」という白井の文がそれを証明している。脚本は橋本忍と山田洋次である。

「（右の）日本的感性は、広島、長崎の原爆被爆を自然災害のように捉え、悲惨な戦争体験映画をそれこそ宿命のように、被害者の視点のみから作ってきはしなかったか」と自他に問いかける。そのように「内閉化した日本的感性と、屈折した精神そのものの徹底的な分析と解体こそが、何より重要なこととなる」。それが映画『砂の器』が問いかけてくるもの」だという。私は基本的に賛成である。

映画では最後に字幕が付く「ハンセン氏病は医学の進歩で特効薬もあって、現在では完全に回復し、社会復帰が続いている。それを拒むのはまだ根強く残っている、非科学的な偏見と差別のみで（老父の）本浦千代吉のような患者は、もうどこにもいない（後略）」

右は全患協の「強い要請」（「全患協運動史」一九七七年　一光社）により付けられたという。当時としては精一杯の抗議だったろうし、あってよかったと思う。しかし現在からみればここにも政治不在がみられる。この時点でもすでに問題は、医学のそれではなく、治るようになったにも拘らず「らい予防法」＝隔離撲滅という国家意志が存続し、差別偏見の温存と無知無関心の温床となっていたという政治問題だ。

次にこの二つの作品の主人公、和賀と私が去年の「多磨」八月号（「戦後民主主義と『らい』問題」）で取上げた林力《はやしちから》の生き方を比べてみたい。架空と実在の違いはあるがともにらい者の父の一人息子であり、映画公開と林が破戒宣言をしたのは同じ一九七四年である。

林は赤貧の中に育ち、被差別部落の隣りに住み、部落民に強い差別感を持っていたが、部落の子らの多い小学校に勤めるような破目になり、そこで部落差別問題の重大さを思い知らされ、同和教育を発足させるようになる。その中で「水平社宣言」から学び「隠せ」という父の強い戒めを破って「私の父はらい者だった」と宣言した人だ。それまで林は小学時代から貧困と父の病気に、屈辱感と伝染しないかという恐怖心を持ち、「死んでいてくれたら隠す必要はないのに」と思い詰めていた。破戒宣言は父と息子の人権宣言であり、国家権力＝「らい予防法」に対する反逆であった。それを可能にしたのは直接には大学教師という特権的状況だが、大局的には与えられたものにしろ、今や風前の灯の感があるにしろ、戦後民主主義＝憲法の基本的人権、平和主義尊重の理念があったればこそと考える。戦前の欽定憲法下では不可能だった。

和賀の場合は貧しさと流浪の中で育ったが、音楽的才能を認められたので、それによって出世しようとして国家権力に擦りよりより、それを利用しようとしたため、出自が暴かれるのを恐れて殺人犯となり、国家権力によって破滅させられる。親子ともに同じ力で破滅させられたことになる。それはあり得る可哀そうな話である。しかし林の場合はめったにあり得ない話である。あり得ないことをあらしめた林をも、清張は書くべきではなかったか。その想像力、構成力、調査力（初出の時は読売新聞から編集者が一人専属として下働きしている）を駆使して。過去を隠そうとして破滅してゆく人間を描くだけが社会派ではなかろう。繰返すが、嫌い抜いたものから学んで破戒宣言をするという、見事な逆転劇を演じた林のような人間をも描いたら、らいの啓蒙のためにも感傷主義克服のためにも有効だったろう。政治抜きの社会派では無力だ。

終りに林の映画評を載せる。

「（前略）名作なるがゆえに、今もなお、思い出したように名作シリーズとして登場し、自主上映されている。（中略）映画の最後にテロップが一枚『いま、ハンセン病の現実は変っている』ことを伝える。だが、映画的手法が優れているため、観衆に与える印象は強烈である。映画が終っても席を立たず余韻をたしかめている人たちも少なからずいる。でも印象として残るのは、ハンセン病への予断と偏見の克服というより、親子の運命に対するあわれさであり、悲しさである。最後の一人になるまで席を立つことの出来ないわたしにとっては、このテロップを見ないで席を立った人がいたらという思いにかられる。他人にとって滑稽なことかもしれないが、差別を受ける立場とはこんなものである。そしていくつかの場面が、わたしの生い立ちと重なる。(中略)わたしは、この映画を何回となく見た。いつも一人で見た。—例の弁明のテロップも出る。だが全編を通じて描かれたものは『らい』は恐ろしい伝染病であり、不治であり、遺伝という世界である。もっとも端的な証明は、成功への最後のステップである演奏会の題名『宿命』である。社会派、正義の人であることを自他ともに許した巨匠松本清張が存命であれば、是非たずねてみたい。

『らい』は何よりも恐るべき伝染病と思いこまされた。父の収容後の、県衛生部による家のすみずみまでの石灰散布は、深くわたしの脳裡に焼きつけられてしまった。一応九大皮膚科の診断はあったものの、父の病が伝染していないかという恐怖は容易に消えなかった(中略)。戦後、アメリカが持ちこんだプロミンはまさに驚異的な治癒力を発揮する。やはり宿命ではなかった。誰かが『宿命』にしてしまったのだ」。(「松本清張の『砂の器』に疑問」林力著「父からの手紙—再び『癩者』の息子として」一九九七年　草風館)。

(二〇〇二・一〇・五記)

参考文献

「らい予防法廃止の歴史」大谷藤郎(一九九六年　勁草書房)

【『多磨』二〇〇三年二月号】

Ⓓ「感傷主義」の諸相（二）（「芥川賞問題」その他）

1　「芥川賞問題」再考

一九七二年九月一〇日、朝日新聞社会面に左のような大見出しの記事が載った。

「素材の大部分は借物　宮原昭夫氏の芥川賞作品『誰かが触った』　九年前の女教師の著作（拙著『らい学級の記録』一九六三年　明治図書刊）と背景・人物そっくり」

右は暫くの間、各新聞、週刊誌、文芸誌等で問題にされた。拙著や子どもの文集を資料にしたことを明らかにしなかったことと共に盗作の疑いを持たれたのだ。

本稿では、とくに右について論者、作者達のらい観を考えたい。それは人権意識、政治意識を問うことであり、また太田正雄の批評した「感傷主義」が、いかにしぶとく生き存らえているかの証明でもある。

主な評者の名を左に列記する。

芥川賞選者　大岡昇平、井上靖、吉行淳之介、安岡章太郎、中村光夫、丹羽文雄、永井龍男、滝井孝作、舟橋聖一（九名）。

新聞評　江藤淳（毎日）、佐藤静夫（赤旗）。週刊誌　平野謙（週刊朝日、一九七二年一〇・一三日号）

右の評者達の中心的評価は「明るいタッチ」である。

平野の評価だけを紹介する。「宮原作は独立した小説世界。題材の暗さやみじめさをなるべく軽く明るく書きあげることによって、逆に一般社会の偏見や差別感を訂正したいと願うようになったとすれば、それが題材を自分なりに消化したということ」だが「読みくらべると『らい学級の記録』に重い感銘」と歯切れの悪い結論になっている。だが宮原は「暗さやみじめな題材を明るく書」いたのではない。文集や拙著からいきいきした部分を選んで書いたのが大部分なのだ。

肝心の宮原はテーマを「監禁と脱出」「患者は物理的に閉じこめられるが、教師は心理的に閉じこめられる。そこから脱出できるかできないかだ」と書いている。

明るさとは何か。それは期せずして評者達の「らいは暗く、みじめ」という先入観を裏切られたおどろきであろう。だが作中の軽快退園してゆく中学生の歌子が、生涯入園の事実を隠さねばならぬ状況には、真の明るさはない。

私が拙著で一番進んだらい観について述べているのは、一九六一年五月、ＮＨＫが「ハンセン病とたたかう子どもたち」というテーマで録音をとりに来た時である。発言の要旨左の通り。

「『らい予防法』という法律があって、社会科見学の時なども、公然とはできないので、都内へ出ることはおろか、途中下車もいけないと園側はいう」「一九五八年の国際らい学会の決議にあるように非常に伝染度が低い、治療可能なふつうの病気」「らい予防法も、遅れている部分を改正する時期に来ている」「現在は医学的よりもむしろ社会的、政治的な問題に変わりつつある」

2　武田泰淳と椎名麟三

泰淳「蝮のすえ」（一九四七年）

敗戦後の上海。自分の上司だった男に妻を寝取られ、その男からの金で生活している重病の男の「昨夜の夢」の話。「夢の中で彼は癩病になった。口からも胸からも、臭気を発散した――彼を嫌った妻の顔は、それをみると彼が発狂しそうなほど、恐怖にみちていた」「さめてみて、癩病でなくてよかったと思いましたね」

右は、らいの肉体的腐敗による臭気を、精神的腐敗の比喩として使っている。

麟三「邂逅」（一九五三年）

主人公の安志（マルキシズム・ニヒリズムを経てキリスト教に邂逅した労働者）をとりまく実子（ブルジョアの娘）、民江（タイピスト――働く女）の二人が、安志の妹けい子の行方不明を問題にしている場面。「（民江）は、安志が癩患者でもあるような危険な気がしていた――あのひとは始終病気ばかりしている――あの忌わしい不運という病気――電工だから電気で死ぬのかもしれない」

なぜ作者は民江に「癩患者」の喩を使わせたのか。それは民江が安志と同じ労働者だからだろう。この場合癩は最悪の伝染病の喩として使われている。

武田、椎名の二人とも一九三〇年代左翼運動に加担している。しかしらい者の解放は全く視野に入っていない。殊に武田は浄土宗の寺生まれだが、神社・仏閣に屯ろしていたはずの浮浪癩の知識はなかったようだ。

以上、主として文学作品を通してらいをみてきたが、らい差別の根深さを改めて、いや初めてのように実感させられた。それほど「らい予防法」は日常化、無意識化されていた。修正と廃止の間には死と生ほどの差があった。

3　大谷藤郎の場合

大谷藤郎の仕事を拙稿の主題に沿って考える。①療養所課長時代、らい者の処遇改善に全力を挙げた。②退官後、宇都宮精神病院事件で、日本の同意入院制度は強制入院で人権侵害だと世界的批判を浴び、それを通して「らい予防法」も人権侵害だと深く悟らされ、法廃止の先頭に立った。それは大谷における「感傷主義」克服の歴史的過程である。裁判闘争もその上に立っての勝利であった。

大谷は「在職中に法廃止できなかった罪は免除されるのか」と繰り返し自問し、裁判闘争の時は、原告の元患者側に立った証言を貫いた。しかし「罪」は大谷にのみあるのではない。一票を持つ私達の人権意識、政治意識もまた問われているのだ。大谷のなした仕事の大きさを改めて思い知らされる。

（二〇〇三・八・一七記）

大谷藤郎参考資料

1 朝日新聞　二〇〇一・五・一一。「らい予防法違憲国家賠償請求訴訟」熊本地裁判決、原告全面勝利の日の談話記事。

2 『らい予防法廃止の歴史』大谷藤郎　一九九六年　勁草書房

【「日本文学協会」近代部会ニュース二〇〇三年九月号所収】

Ⓔ「感傷主義」の諸相（三）（「小島の春」論）

「感傷主義」の諸相（二）で論じた太田正雄＝木下杢太郎の「小島の春」評をまず再記する。

医者としての彼は「癩根絶の最上策は其化学的治療に在る。――それは不可能ではない。『小島の春』を早く此『感傷時代』の最後の記念作品たらしめなければならない」

文学者としての彼は「涙が出て先が読み続けられない――事実の描写の外に作者にシンセリティと文学的素質があった。本当の文学――叙景が素晴らしい――本人が意識しない勘を以って書いている――田園文学として立派――歌詠みだけに文章にスタイルがある」等々。

他に小林秀雄、阿部知二、岸田国士等が賛辞を述べている。特に岸田は「感涙が止まらない。救癩事業に女が身を献げている驚き」とある。どこで涙が出るのか知りたいのだが、いま一つ具体性がない。

「一九三一年（S6）「癩予防法」の制定により全国すべてのらい者を収容しようとする国策路線が確定。日中戦争、大東亜戦争の戦時体制に入るとますます強化拡大され、無癩運動も、患者狩りを強行するようになった。

「らいは極悪の伝染病」との宣伝が効いて、多くの国民は国策遂行を当然として、住み慣れた社会から排除され、抹殺されてゆく少数者の悲劇になんらの疑問も同情も示さなかった」

「その基本理念を、光田健輔は「祖国浄化、同病相愛の大使命」と述べている」（註1）

「小島の春」は右の無癩縣運動推進のための検診行の記録である。

小川はこの運動を自己の使命として、よくぞと思うくらい四国は土佐を初めとして道なき山野も抜渉して検診行＝らい者狩りを行ったのだ。むろん彼女のそばには巡査や県役人等が付添うことが多かったが。彼女のこの検診行は一九三四年（32才）～一九三七年（35才）の約三年間である。おそらく過労だったのだろう、彼女は病いに倒れ、一九四三年（41才）に生を閉じた。

結論から言えば、この「無癩縣運動」の検診行こそ、「感傷主義」実践の最たるものだったと考える。京都大学病院の小笠原登や太田正雄のように、らいは極めて感染力の弱い皮膚病であり、化学的に治せるし、治る病気と考える医者も当時存在していたのに、光田は治らない伝染病だ、死ぬまで隔離しておき、「根絶」する他ないと考え、それが「祖国浄化」「民族浄化」であり、皇恩に報いる道だと信じていた。プロミン開発後も。この非科学的、狂信的思考による行為を感傷主義と言わずして何と言おうか。そしてそれに賛同する医者も国民も圧倒的に多かったのだ。

次にその例を、作中有名な「桃畑の女」の記録から考えてみる。

桃の大木のあまた花咲く丘の上の小屋に、小川は一人住いの若いらい女を訪ねてゆく。

岡山の療養所に来ないかと誘う。「黙ったままなかなか答えてくれないその人から外らした眼に、私は何を見たろう。南向きの壁に沿ってもう欠けかけた古ぼけたお雛様がかざってあって、そこにはこれだけは家から届けてくれたのだろう紅と蓬《よもぎ》の菱餅が二重ねと桃の花を挿した瓶が立てられてある。この人が海辺から掘ってきたのであろうあさりとかきがお皿に盛って、内裏様の前に供えてあるのだった」

おみな子は愛しかりけり十年を離れ住みてなおひいなまつるも

「一杯になってしまった胸からやっと『淋しいでしょうね。こうしていらっしゃるの』と言うのを反撥するように今まで黙っていた女の人は「『淋しいことありやしませなあ。朗らかなもんでござんすらあ』と不意にこういうと両手を後に隠したまま二、三歩後ずさりするのだった」「『長島って島なの。そこに病気の人が千二百人もいて一つの村を作って住んでいるの。そこへ行ったら皆何の気兼ねもなしに芝居や活動も見たり、浪花節も聞いたりして元気で病気の治療をすることができるの。ラジオもあるのよ』『うちのようなもの、もうどうなったって仕方ありませんなあ。こんな業病ですらあ』金も小遣いもないという女に『何もいらない。すべて病院でしてくれるの』「薄暗い納屋には、高い所に横に細長い窓が開けてあって、そこから流れ込む春の陽が女の人の肩の辺りにあかるく落ちていた。むしろやなわやふるい鍬やこの周囲の畑のことをするだけの道具が雑然と置かれてある納屋の中で、この女の人はいつまでもいつまでも泣き続けるのだった。『こんなんこんなん優しく言ってくれる人、今迄になかったんじゃ』といって柱からすべる様に板の間に泣き伏してすすりあげるのだった」「『家には行かれない。

帰ってきちゃならんといってここへ出されたんじゃもの』」という女に「『あなたの家にいって聞いてきてあげる。いいといったら行きましょうね。警察か愛生園に言ってよこしなさい』」。

桃の花のひなびた美しさと、一人雛を飾っているらい女との組合せが、癩者の悲劇を引立てる。叙述のうまさがある。

だがここで小川が言わなかったことが二つある。一つは一度入園すれば終生出られないこと。二つ目は結婚、妊娠は御法度。しようとすれば男は断種・女は中絶を強制されること。光田は、それらを無法と知りつつも、全生病院長時代から行っていた。

しかし人々は入ったが最後、二度とシャバには戻れぬことを知っていたようだ。「秋風の曲」の章では、トラックで連行される四十男に、見送りに来た人々が「癒ったら帰って来られるのだから」と言ってはいるが、終生隔離を証明するように小川の短歌が入っている。

これやこの夫と妻の一生の別れかと思えば我も泣かるる

癒れば戻れるのだろうと聞く人には「ええ戻れますよ」と答えるものの、心中では私もその日の来ることを願っていると、来ないことを暗示している。

第一彼女は一九三一年に制定された「癩予防法」のことなど話さない。それには強制隔離については委しく書いてあっても、退園という条項はない。

彼女が患者にいうことは、やさしい言葉でいかに療養所はみんなで助け合って楽しく生活しているかということばかり。また療養所に入ることが、日本国を浄化することになり、それが、天皇や皇太后陛下のお恵みに応えることになるのだと天皇制賛歌に結びつけてゆく。

右の小川の「祖国浄化」論を、作中の「御国のために」からみてみよう。

ちょうど高知連隊への入営者達が下車したのを迎える「万才《ばんざい》」の声を聞いた彼女は左のように書く。

「あの人達は健康な社会人として、立派な国民としての義務を果すべく入営の朝なのだ」「その一月十日、高知よりの救癩列車はその不幸なる癩戦線の闘士十一名を乗せて、救癩戦線の勇ましい闘士として、新しき地に、われらの唯一の戦場であり、また楽土である療養所に向けて出発する希望の朝だ。私の列車も出征なのだ。誰も万才をしてくれる者はなかった。よそながら見送ってくれる近所の人もなかったけれども私達は十分であった。私達はみんな嬉しかった」「日の出だ、日の出だ。土佐の救癩の夜も明けようとしている。顔を吹く風が冷たければ冷たいほど、いいしれぬ涙が流れてくるのだった」

片方の健康な兵士達は、東亜への侵略戦争のため、他国民を殺しに行くのだし、らい者たちは、穢《けが》れ者として療養所に隔離されてしまう。ともに国策の犠牲であるが彼女は両者ともに御国のため、天皇のためと心から祝福し、自己陶酔の涙に浸っている。果して患者達も彼女と同じ感涙を流していただろうか。特別連結された寒い車両の中で。

私は批判的に書いてきたが、この検診行はかつてのらい者がどのような惨状におかれたかの記録としての意義はあると考える。

ここで小川正子（一九〇二〜一九四三）とらいとの関係を、その生いたちからみてみよう。

彼女が最初らいに関心を持ったのは、甲府《こうふ》高女生の時、英国の宣教師、ハンナ・リデルが自分の全財産を処分して、熊本に回春病院を設立し、多かった浮浪癩者を収容して看護し、日本で生涯を終えた話を聞いた時だという。女学校卒業後結婚するが離婚し、医者になって人のために尽そうと、東京女子医専に入学。ある日、村山の全生病院（現在の東村山市国立療養所多磨全生園の前身）を見学する。そこで院長の光田健輔を知る。「らい者のためにすべてを捧げつくしている」彼に打たれたという。やがて細菌学を研究した彼女は、周囲の反対を押切り、長島の国立療養所愛生園に押かけた。光田が初代院長として務めていたからだ。

「無癩縣運動」を始めていた光田は、小川に検診行を命じる。なぜ光田は小川を選んだのか。「小島の春」への彼の序文をみてみる。当時の女性らい医を六名ばかりあげ「皆一身をこの事業になげうって悔いなきの決心を有し――救癩戦線に欠くべからざる存在というべきである。――女史は熱心に内科の診療に従事して、診断正確治療綿密を以て同僚及患者から信頼せられた。――顔を見ればやさしい女性であるが、やる事はやむにやまれぬ男まさりである――女史の話から人々は遺伝の迷信からさめ、伝染を如何に速やかに根絶とすべきかを衷心から考える。――此熱誠の根源は何れの処よりくるのであるか、之は畏れ多い事であるが、上　皇太后陛下の御軫念を奉戴し、私《ひそ》かに御使いであると自任する強烈なる信念よりほとばしりいづるからであらうと信ずる」

小川は光田の相似形なのだ。それに女であることが強制隔離にどれほど有効かよく分っていたのだろう。前述のように彼女のそばには土地の警官や県の役人が同行してにらみをきかせている。柔と剛、医者の権威に役人の権力が加わればこれ以上強力な隔離手段はない。

小川の中で患者への人間的、個人的同情が、国家的使命としての浄化思想―根絶すべきものとなり、天皇制と結びついていった道程は、光田への傾倒の強さの結果ではないか。家長的光田への「第二の性」的服従がなかったか。

終りに私の「小島の春」への感想を述べたい。私は今回読んだがそう感動はしない。私も戦中派として天皇制支持者だったたが、批判的になっているし、短歌的抒情との別れを戦後の課題としているので、短歌まぶしの「小島の春」には、騙されないぞと読む前から警戒してしまう。

次に抵抗を感じる言葉を挙げる。① 救癩 ② 根絶 ③ 浄化

①救癩とはらい病を治すことのはずだが、②、③と関係づけると分らなくなる。前述のように「極悪の伝染病」つまり治らぬ病気だから、隔離して根絶やしするほかない。そしてらい者がこの世にいなくなれば、浄められたことになる。それが光田理論のようだ。この文の冒頭で太田が「癩根絶の最上策は化学的療法に在る」といっているのとは、生死の差がある。なぜ光田が「救癩の父」なのか分らなくなる。

次に分りにくいのが光田の涙だ。それは小川本では、彼女がらい者を連れて長島に着いた時、重症の

患者をみて「涙をいっぱいためていらした」とある。「その涙をみた時、私は生きてもっと働きたいと思った」と書く。同じようなことは全生園の医師だった馬場省二氏も書いている。(「患者が待っている」一九九二年刊　朝日新聞社)

その光田の涙とは何を意味するのだろうか。重症であればあるほど早く療養所に入れてしまえば「浄化」により役立つことは確かだからか。重症者への人間的同情なのか、両方か。

この記録を読んで一番感じるのはとくに戦前の近代日本のうす暗さである。ある懐かしさの漂う、しかし二度と戻りたくはない時代だ。私の育った冷害に象徴される貧しい東北と、桃の花に象徴される南国の小島との違いはあっても、漂う近代のうす暗さに変りはない。一言でいえばそれも感傷時代だろう。感性のうす暗さにおおわれ、理知の光りのおぼろな時代だったと思う。現代がそこから脱出しているとは思えないが、自己の現在生きている時代を客観視するのは難しい。

光田健輔と小川正子には、別の視点もあると思う。読者の御批評を待つ。(二〇〇四・五・三記)

主要参考文献

「らい予防法廃止の歴史」大谷藤郎　一九九六年　勁草書房
〈(註1)は右よりの引用〉

〈3〉

特記したい諸論文の再録

①「鈴木敏子の世界」

国際医療福祉大学総長
高松宮記念ハンセン病資料館長
大谷藤郎

炎暑が長く続いた昨年の夏の初めに、鈴木敏子著「書かれなくともよかった記録―『らい病』だった子らとの十六年間」（東村山市富士見町一‐十四南台団地九‐三〇四）が贈られてきた。六〇〇頁を越えるハードな記録文学の大冊だ。しかし読みかけると、一九九六年にらい予防法廃止という事実に直面して、「昔の私憤は公憤と化し、自責の念と化し」という著者の怒りがひしひし伝わってきて、巻をおくことができなくなった。

筆者は一九六〇年から一九七六年までの十六年間、国立療養所多磨全生園（ハンセン病療養所）の分教室（小学校）への派遣教諭だった。著者自ら自嘲気味に語るところによれば、その間、らい予防法の存在と、それの形象化としての広大な自然の中の格子なき牢獄ともいうべき収容所という舞台装置とのせいで、彼女は隔離政策に疑いをもつこともなく、子どもと親しくなっても白衣と消毒を止めることはなく、そのうえその悪法のおかげで就職でき、本まで出版できたのだという。
ところが、それまで国のらい予防法の正しさを疑うことがなかった著者は、一九九六年の法廃止に衝撃を受け、法が悪法であったことを知り、改めて全生園の十六年間に私は子ども達になにをしてきたのか、過去の自らへの自己批判を通して国家権力批判を、国家批判を通して自己批判をと考え、当時の子ども達の文集と自分自身の記録を資料として、らい予防法下の教師と子どもとの関係、健者と患者との関係を改めて問い直そうとされた懺悔記録が本著なのだ。
ハンセン病についてはもちろんのこと、子どもと教育、「在日」、教育組織と教員、などについて閉じられた世界の中の特殊な生活を語って、一見詩的スタイルだが、語りは感傷的な反省にとどまることなく、深い知性によって自己と自己をとり巻く社会への容赦ない断罪がある。本来なら、かつての政府やらい療養所職員からこそ、このような懺悔の細密記録が出るべきと思うが、私はまだ見たことがない。
それにしてもこの人は何者だ。
『らい学級の記録』(一九六三年・明治図書)
『鏡のむこうの子どもたち』(一九八四年・創樹社)
『わが「時禱書」』(一九九四年・オリジン出版)
それに今回の著書を加えて計四冊。時系列的には『わが時禱書』が第二次大戦中の福島女子師範学校時代で、そのあと上京後に『らい学級の記録』と『鏡のむこうの子どもたち』と続く。一九九六年のらい予防法廃止後の思想の総括ともいえるのが今回の「書かれなくともよかった記録」である。

ここ十年、らい予防法廃止運動の中で、私は大正生まれ同い年の人二人と知り合った。一人は『父からの手紙』の著者で、九州産大教授の林力氏、もう一人は『国籍は天に在り』の歌人で、長島愛生園の入園者・谷川秋男氏。

古稀の年になって初めて会ったこの三人は、生まれも育ちも境遇も違うが、お互いの著書によってお互いの違った過去を遡って、結局は第二次世界大戦をはさんで、戦争と平和、独裁と民生、飢えと飽食など狂気ともまがう激変に向き合わされ翻弄されてきた。同じにがい思いを共有する戦中世代である。

鈴木敏子氏も大正十三年生まれ、彼女自身が、戦争中の軍国少女から戦後民主主義への戦中派だと語っておられるのだから、同じ同年兵四人組として仲間にはいっていただきたいが、彼女の四部作を拝見すると男三人を超えている。文章作法が知性と感性を見事に備えているうえに、時代をこえて生身の人間にあくまで近接して迫っていく目の鋭さ、妥協のない批判の率直さに驚く。そこに「鈴木敏子の世界」がある。

例えば、『わが時禱書』の中で、一九四一年十二月八日の日米開戦より約三か月前、女師二年の九月十七日の日記。

「西鶴の『世間胸算用』読み始める。人々の生きる種々相は、古往今来毫も変わりはせぬのがおもしろい。

詮じつめれば、戦争も国家も、生きるためのもの以外の何物でもない。食うか食われるかの獣的な争いなのだ。それを忠義といい、理想という美衣でくるんでいるにすぎないとさえ思う」と自分の日記を

ひいて、

「軍国少女でしかなかったが、これあるがゆえにわが記録は書くに価する」

と述べている。

戦後はもとより戦中でさえも、時代の潮流に一歩距離をおいて、ひたすら人間を見詰め尽くしている。

今年は四人組みんな喜寿を迎えるが、「鈴木敏子の世界」のみ人生の青春に輝いている。


【『社会保険旬報』二〇〇二年一月一日号所収】

②「全体を通じて」

「戦後民主主義と『らい』問題」鈴木　敏子氏

大谷藤郎

解説

筆者の鈴木さんはかつて一九六〇年代に多磨全生園でハンセン病児童の教師を勤められた方で、二〇〇〇年に往時の事実を克明に再現した『書かれなくともよかった記録』を出版されて、らい予防法時代の自分自身を反省されるとともに当時の指導者の責任を追及された方である。同氏は私と同じ一九二四年生まれの戦中派であり、この論文「戦後民主主義と『らい』問題」において、私の仕事について過分のお言葉を賜わったのは、この日本において第二次大戦敗戦を軸として価値観や思想が転回し交錯した激動の時代を必死で泳ぎ、戸惑いながら矛盾を共有してきた同世代人としての誼みからであろう。戦中派世代はいわゆる時代精神に屈服隷属させられ、自らの主体性を確立することも発揮することも困難なまま苦い思いを噛みしめて終わった世代と思う。

鈴木さんは、同じく「戦後民主主義と『らい』問題」の名で私の尊敬する友人林力氏に対する評論を最近『多磨』誌上に掲載された。林氏はらい予防法が生きていた時代に、お父上がハンセン病患者であったことを公にして、ハンセン病の偏見差別と闘われた真に勇気ある人で、同氏も私たちと同年生まれの戦中派である。

【『研究資料　ハンセン病と大谷藤郎』二〇〇二年所収】

③　戦後民主主義と「らい」問題（大谷藤郎論）

鈴木敏子

周知のようにらい問題は近年著しく進展した。㈠一九九三年資料館設立。㈡九六年「らい予防法」廃止。㈢九八年元患者等「らい予防法違憲国家賠償請求訴訟提訴」。㈣二〇〇一・五・十一熊本地裁判決、原告全面勝訴。㈤五・二三小泉総理控訴断念。㈥七・二三原告側、国と和解。

右の動きを、元厚生省幹部大谷藤郎の働きを通して考えてみたい。中心課題は「基本的人権」と「らい予防法」である。

1　「らい予防法」廃止

まず原告の訴状かららい者にとっての国権による人権侵害――「らい予防法」の実態をみる。

①強制収容所による隔離　②療養所における自由の剝奪、強制労働　③劣悪な治療環境による病状悪化、死亡　④懲戒検束権の行使、重監房による患者抹殺　⑤断種（中絶―鈴木追加）

右は戦前戦後を通じて行われた人権侵害だが、戦後の五三年「らい予防法」成立時は、全患協に結集した患者たちが、四三年プロミン剤開発、五二年ＷＨＯの強制隔離不要の宣告をふまえ、らい史上初めての激しい反対闘争を展開したが、殆ど孤立無援で敗れた。それ以後も全患協は度々法改正の闘争を行うが、らい学会も行政も無視、拒否し続けた。大谷藤郎（二四年生）が厚生省に在職したのは五九―八三年までの二五年間。彼は医務局長という日本の医療行政の最高責任者だった人であり、彼の登場によってらい行政は確実に動いていったが、まず彼の特殊ならいとの関係を述べる。

戦時中京都大学医学部で、小笠原登（一八八八―一九七〇）に出会う。彼はらい医であり、浄土真宗の僧侶でもあった。寺での歴史的な臨床経験と東西の文献かららいは治るとの信念の下、隔離や断種の必要なしと唯一人外来診療を続けていた。大谷はその仕事を手伝いながら、医者、思想家、人間としての師に深い影響を受ける。だがその彼は四一年光田健輔（一八七六―一九六四）支配のらい学会総会で国賊の罵声を浴び、孤立させられる。光田は一貫した強硬な隔離撲滅主義者だったが、患者、医者の双方に心酔者がいた。小川正子もその一人であり、戦時中民族浄化の名の下に行われた「無癩県運動」という患者狩りに、積極的に参加した記録が「小島の春」である。侵略戦争への加担行為だが、当時のらい者の惨状の記録としての意義はある。光田の功罪はこれからの検討課題だろう。

日本救世軍創始者の一人山室軍平（一八七二―一九四〇）は大谷の義理の伯父であり、少年時代から彼の人道思想、行動に憧れたが、山室はキリスト者のため戦時中は特に酷く迫害された。二〇代の大谷は共産主義に惹かれ平等で搾取なき国家社会を夢みる。また結核による差別体験をした彼は、英国で始まった①「医療の社会化」、北欧で広がり出した②「共に生きる社会」運動に共感する。そして①と②が生涯賭けての実現目標となる。彼は厚生省に入りその理想実現のための運動家、政策立案者を志す。それは小笠原登、山室軍平経験等の発展的継承と考えられる。

国立療養所課長時代、彼はまず患者の処遇改善に全力をあげ、法の空文化を図った。課長室に初めて患者を招じ、茶の接待をした。法律上は禁止行為だが、らいは簡単には移らない、治る病気だと言う医学的行為であり、人間的行為であった。そこから始める必要があった。彼が遂に法の廃止を決意したのは、退職後だ。真の人権回復は法の廃止なしにはあり得ないことを西欧から悟らされたのだ。

全患協が法の廃止に踏み切れなかったのは、処遇はよくなったが入所者は老いてゆく。廃止したから出て行けといわれては生きてゆけぬという不安からだ。大谷の廃止案は、らいは治る、ゆえに予防法は不要であり、廃止すべきだ。但し希望者には現在の療養生活を保証させる新法を作る。以上は全患協の同意の下に行うというものだった。それはらい学会の反省表明を促し、厚生省を動かし、マスコミの報道も一役買い、遂に国会での廃止に漕ぎ着けた。

2　資料館設立

前後するが大谷が自らに課した仕事に、資料館設立計画もあった。特に近代百年間、らい者だけでなく家族にまで加えられた国家、個人からの迫害の数々を歴史として世に問い、反省のよすがにするためである。それは彼が現在理事長を務める財団法人「藤楓協会」の「創立四十周年記念事業」「故高松宮の御仁慈を偲ぶ」という趣旨であった。協会の目的はらいの啓発事業を行うことである。

資料館は九三年に総工費八億円で全生園内に完成した。入所者達も後には必要を認め物心ともに協力した。バブル崩壊後で経済界からの寄付集めに苦労したという。名称は「高松宮記念ハンセン病資料館」。

戦前、最底辺のらい者は、最頂点の天皇制を支える役割を負わされてきた。「皇室の御仁慈」は、らい者を憐れむべき存在とすることによって皇室を祭り上げ、逆にらい者差別に力を貸していた。明石海人は次のように詠じている。「みめぐみをうけまくかしこ日の本の、癩者と生《あ》れてわれ悔ゆるなし」(「白描」より)。しかし高松宮を冠することが資料館設立を可能にしたとすれば、戦前の人権抑圧装置が戦後はその回復に役立てられたことになる。興味ある歴史の皮肉であり、それが戦後民主主義の実態であることを知る。

3 「らい予防法違憲国家賠償請求訴訟」証言

法の廃止を第一課題と考えた実務家大谷は、次に歴史的責任(国家・社会・個人)追及を「一兵士として皆と共に戦う」決意をする。また国家補償、国家責任の追及は全患協の強い要望であった。元患者の一部は九八年から訴訟を起す。その二者の関係を、原告代表谺雄二の「らい予防法廃止の歴史―『愛は打ち勝ち城壁崩れ落ちぬ』(大谷藤郎著)への書評「その愛の指し示すもの」(国立療養所栗生楽泉園機関誌『高原』九六年十月号)から考える。

大谷は「医学生時代に教えを受けた小笠原登博士の遺志を胸に、過去九〇年にわたってわが国ハンセン病者の人権を奪い続けてきた悪法『らい予防法』をその手でついに葬り去った、まさに時代を拓く実践者」だが、「優生主義の根源である天皇制に論が及んでいない」、法廃止に際しては国家補償を法文化すべきだったと批判する。然し終章「終わりの初まり」を次のように読む。「真実と人間の尊厳を貫くためのさらなるたたかいを指し示すもの」。情理を兼ね備えた名文であり、その「さらなるたたかい」が裁判闘争である。大谷は原告と被告国の対立する双方から重要な証人として喚問される。彼は双方からの打ち合わせを断り、終始原告側に立った証言をした。彼は「在職中に法廃止できなかった罪は免除されるのか」と繰り返し自問し「人は誰でも自分の行為に責任を取らねばならぬ」と自答している。その責任行動の現れが右の証言だったのだろう。

ここで全体を総括すると、主として大谷という啓蒙官僚の上からの民主化、人権運動により、資料館建設、法廃止が実現した。次いで裁判闘争では大谷は原告側に立って証言したことにより、上からの民主化運動は下からのそれと連なり共闘関係となった。加えて市民の支援の輪が広がり、原告の数が急増し、マスコミの一斉原告支持の報道となり、司法、行政を動かして勝利を導いた。

日本近代史の闇、差別の原点の悪法が、右のような経過を辿って葬られたことは、外発性戦後民主主義の内発化の、一応の成果とみたい。

大谷が自己の体験から出発しながらも「人権」「共に生きる社会」等の思想を西欧から学んでは反省を重ね、運動を進めてきたという外発性も、黒船開国から始まった近代日本の、黒船民主主義ともいうべき線上にあると考える。その戦後版がアメリカ占領軍によって与えられた新憲法——戦後民主主義だが、それはまた外発性民主主義の絶えざる内発化の過程でもあった。

だが真に人権思想が問われるのは、むしろこれからであろう。具体的には歴史的責任（国家・社会・個人）の追及をどこまでどう問題化できるかだ。原告代表の谺は「皇室の責任も当然問われなければならない」（「訴状」前書き）と言っているが、それは戦後の根本課題である戦争責任問題と関連する難問中の難問であろう。私達の知と想像力と勇気が問われている。

終わりにもう一度大谷藤郎に戻りたい。彼の仕事を考える時、プレハーノフの「歴史における個人の役割り」を思い出す。特に彼の「らい予防法国賠訴訟―大谷藤郎証言」（二〇〇〇年、皓星社）に感動した。七五歳、ガンを病んだ「薬漬け」の身で長時間の尋問に耐え、原告側に立った証言を貫いた。こんな良心的、人間的な高級官僚がいたのかと驚いた。その矛盾を生きる姿が面白い。一六〇名も詰めた法廷で正義の味方大谷は時に怒り時に涙ぐみ、最後は盛んな拍手に送られての退場、一世一度の千両役者を演じたようだ。カッコイイではないか。当然であるとともに、稀代でもある名判決を出した杉山正士裁判長の心をも動かしたのではないか。

去年私は「書かれなくともよかった記録――『らい病』だった子らとの十六年」を出版したが、この稿を書きつつ、改めていかにらい者、及びらい問題に対する理解があさはかだったかを思い知らされているが、それは稿を改めることにしたい。

（「日本文学」二〇〇一年十月号より転載）

【『研究資料ハンセン病と大谷藤郎』二〇〇二年所収】

〈4〉　全再録作品〈1〉〈2〉〈3〉への再考

〈1〉「らい学級の記録」再考

一九六〇年から約四十年経った現在、「らい学級の記録」を読み返して、一番残念なのは、なぜ「らい予防法」について歴史、政治、社会、医学的につまりらい史として追求する目が持てなかったのかということである。それを抜きにしていかにらい学級の生活が活写されようと空しいのではないか。「らい予防法」の存在こそらい問題の核心だったのだから。しかも私はそのらい学級に十六年間も居続けたのだ。「伝染」の名に恐れを持ちつつも、日々の安逸をむさぼり続けた。らい学級にいるかぎり生活は安定していたし、今にして思えばそのおかげで、現在の一人の年金生活も何とか保障されているのだ。

では他の人々はどうだったろうか。

身に余る序文を書いて下さった、当時の知識人の猪野謙二先生のらい認識はどうだったろうか。先生も「らい療養所内の学校というきわめて特殊な状況の報告」とか、そこでの教育上の問題が一般性のあるものという捉え方はされているが、「らい予防法」の存在をどの程度知っておられたかは分らない。大ざっぱないい方だが、医学者以外の知識人で法を問題にしたのは、文学者の大西巨人くらいではなかろうか。

私が在職していた六〇―七〇年代の療養所の状況を「らい予防法廃止の歴史」（大谷藤郎著）に依ってみてみよう。

「一九六〇年前後の軽快退所・労務外出・外来治療」
第二次大戦後、プロミンの治療効果によって、園内では、菌陰性者が多数となり、現実に誰の目にも多くの症状固定者、治癒者を認めるようになった。また一九五三年のらい予防法成立阻止闘争は全国の入園者に社会復帰への意欲と自信をいやがうえにもたかめさせた。―軽快退所者はしだいに増加して一九六〇年にはピークの二一六人に達した。―一九六〇年代には高度成長が進み、一般社会において労働力需要が求められるようになり―いわゆる労務外出も始まった。―軽快退所も労務外出もハンセン病治癒という現実の前には、らい予防法の規制をもってしても、患者を抑えられないことを明らかにしたもので、この時点で法はまさに改正されるべきであった。しかしそれが考慮されないまま在園者の高齢化や障害の高度化とともに一九七〇年代から軽快退所も労務外出も減少してしまった。」そして結局一九九六年の法廃止まで以後約三十年もかかったことになる。つまり大谷藤郎の官界登場を待たねばならなかったということであろう。

右のようならい状況は、具体的に作品の中にどのように表れているか、少しみてみよう。

作中の夏子の中学卒業(一九六二年度)の答辞。

療養所の中の映画でバレエ「白鳥の湖」をみた彼女は、オデット姫を夢みる。しかしまた再発して入所した彼女は、オデットへの夢が根底から破れたことを知る。彼女は「療養所のような垣根のない自由な世界で、自分が生きていることを確めたい。愛生園の高校などに行きたくない。これ以上囲いのある生活はしたくない」と決意する。

彼女のオデットへの夢は、療養所という囲いの中でこそ作り出されたものだ。一応身体の自由はあるかにみえるが、囲いがある以上、それは必ず心の自由を縛る。そのまやかしに彼女は気付いたのではないか。オデットへの夢は、まやかしの自由が生んだ幻影だと気付いたのではないか。具体的にいえば社会復帰のまやかしを感じたのではないか。囲いの拒否は法の拒否を意味する。その法を拒否する行動として彼女は囲いのある愛生園の高校も拒否したのだろう。

もう一人、一九六一年度の中学文集「青い芽」から、二年生―十四歳の沢井等の作文を取上げてみる。小学二年で発病、入園した。

「療養所では食うことの心配はいらない。ただ学校へ行っているだけでお金もくれる、少しだが。着物もくれる。それだけに人間がイカレちゃう」「療養所は垣根があってそこから外に出てはだめ。自由に遊びに行けない。それに共同生活だ。―不満やいやなことがあっても共同生活では言うこともできない」「毎日の生活は同じことをくり返しているにすぎない。外出などすると映画ばかりみている。楽しみといえば週二回位の映画がある。子どもにとってよくない時は行けない。こんなことが退園の理由だなんてちょっと情ないが事実だから仕方がない」「自由なことができないで、まるでお坊っちゃんみたいな感じだ」「今ぼくの心は鉛色をしていて糸がもつれ合っている時と同じ状態になっている」

右は国語の患者の講師にすすめられて書いたという。軽快退園、社会復帰できるように法の枠は広げられたわけだが　それが逆に法の枠を意識させる役割りを果すという皮肉な実情をよく捉えている。私の記録には、けんか腰で行った対園交渉が多く描かれている。少数者の教育に対する設備充実の問題である。園側は少数者に金をかけまいとする。学校側は少数なればなお充実すべきだと主張する。この問題は現在も通用する。「らい予防法」そのものもまた少数者切り捨ての思想であり、実行であった。私はこの記録を書いた時、療養所の一時的変化「軽快退園、社会復帰」の問題を、明白に捉える目を持てなかった。法を歴史、政治、経済、医学として、らい史として捉えることを改めて教えられたことを最大の収穫としたい。

次に〈2〉としてあげた「神谷美恵子論」「林力論」「〝感傷主義〟の諸相一、二、三」等、精一杯努力したつもりだが、どれ一つとっても、これからこそ本格的に研究されるべき問題であると考える。それらはすぐれて日本文化、日本人の精神構造と深く関わっていると考える。

読者からの御教示を戴きたい。

〈3〉 特記したい諸論文

これはまず③の拙論「戦後民主主義と『らい』問題」から始めたい。

こんな論文を自分が書こうとするようになるなどと私はそれこそ夢にも考えていなかった。大谷藤郎氏のおかげである。①の大谷氏が拙著を認めて下さり、二〇〇〇年八月十六日、氏のお電話を頂いたことから話は始まる。多分氏は、八十近い婆さんのヨボヨボ声でも想像なさったのではないか。それが重く甲高い？東北弁に一寸元気を感じられたのかもしれぬ。二時間に及ぶ会話はとても楽しかった。

その中で私は、資料館の話が出た時「死後に金が残っていたら寄付したいが、高松宮に拘る」と言うと「そうしなければ、資金は集らなかった」と言われた。私に残ったのはその一言である。そうか、それが日本の戦後民主主義の実態なのだ。それがなぜかとても面白く心に残り、拙文となったのだ。むろん文字通り拙文である。大谷氏のお仕事があんな一文にまとめられるはずがない。

後の人がもっと本質的、全体的にまとめられるだろう。その捨て石の一つである。

でもそれがきっかけになって、私はらい問題にのめりこんでいった。入所者には失礼だが関心が湧くのだ。やっと私は晩年になって、書くべき主題「差別」を見つけたような気がしている。戦中派にふさわしい主題を。それは私の神経症的諸症状をもかなり癒していった。

①の「鈴木敏子の世界」で大谷氏は私をホメすぎていられる。「懺悔書」という捉え方に見られるように、氏の中の深い後悔心と結びつけられているようだ。つまり「在職中法廃止できなかった罪は許さ

れるのか」と繰返されていることと連ねて読んで下さったのかもしれぬ。とてもうれしい。私の後悔心などは、最高官吏だった氏のそれには及びもつかぬものである。

（二〇〇四・二・八記）

付記

①「らい学級の記録」中、私は子らに対して「知能が低い」と四回位書いている。(2)の記録の方で、これを読んだ子から批判されている。確かに私の中に無意識的な蔑視があったと思う。知的学問能力に劣るという意味に使ったと思うが、私はしだいにいわゆるできない子にもさまざまな人間的能力があることに気付いていった。だからできない男の子からも好かれるようになった。それは私にとって何よりの勲章である。

②第一年度で、友子が作文「劣等感」の中で、一番困っているのは「病気のため囲われていることだ」と書いているのに対して、それを劣等感などという心理的面にのみ矮小化してしまった愚かさが悔まれる。私には「囲われている」ということが分らないのだ。

あとがき

まえがきに書いたように、私は一九六三年に「らい学級の記録」を明治図書から出版してもらっている。それから約四十年後に、再出版しようなどとは夢にも考えたことはなかった。

ところが国立療養所多磨全生園職員で、機関誌「多磨」の編集の仕事もなさっている千葉叶氏が、「多磨」に連載しないかと再度勧められた。初めは二度も同じ物を出版していいものかなどと思っていた私もだんだんその気になり、読返したら興が湧いてきた。つまりアラが見えてきたのだ。分っちゃいなかったなという後悔が湧いてきた。当時はけっこうホメられたのでいい気になり、これでいいのだと思い込んでいたのだろう。分っちゃいないことの根本は、「らい予防法」に対する認識が基本的にないことだ。今もって私には「囲われている」ということの内実が、実感として分らないといっていい。抽象的にいえば、囲われていない人生なんてあり得るかという説も分る。しかし国家権力が作った「民族浄化」のための「隔離撲滅」策としての悪法によって「囲われる」という事の内実を知るのはそう簡単ではない。それに約百年間に亘って、日常化、無意識化されてしまった悪法である。そして私はその現場で十六年間も教師であったのだ。私の職歴の中では一番長い。

適当に利用したり、批判したりはした。しかし基本的には分っていなかったのだ。

繰返すがそれはプロミン剤開発と、一九六〇年〜一九七〇年代における高度成長期の軽快退園、社会復帰といった一時の解放政策にゴマカされたのだと思う。つまり私は自分がそういうらい史の一局面にいるのだという歴史認識が持てなかった。「らい予防法」は厳然と存在していたのに。

私はまた、戦中派としてふさわしい差別という課題を改めて持ったと書いた。差別とは何ぞやである。これも難題だが、その最たるものは戦争ではないかと考える。私にも差別意識はある。共生など夢のまた夢か？「世界が全体幸福にならないうちは、個人の幸福はあり得ない」と書いた宮沢賢治も晩年は戦争支持の手紙を書いた。ただ、今言えることは批評は必要だ。それは常に持ちながら、できるだけ差別しない側に立ちたい、ということ位だ。

ともかく、この本の再録は右のようなことを考えさせてくれた。「多磨」に分載していたのでは、私の生が終ってしまうので、一冊の本として、学文社から出版して頂くことにしたが、以上のような問題を考えるきっかけを作って下さった千葉叶氏に心からありがとうを申上げます。

また、出版社の責任者三原多津夫氏には、要所要所では無論、下らない相談にもよくつきあって頂きました。また編集者の落合絵理さんには綿密、謙遜な校正をして頂き、お二人に心からお礼を申上げます。

最後に学文社を紹介して下さった旧友・小林義明（大東文化大学非常勤講師）さん、たくさんありがとう。

二〇〇四年　四月

八十歳の春――「冬の旅」（シューベルト）の終りに

鈴木敏子

[著者紹介]

鈴木　敏子（すずき・としこ）

1924年　福島県生れ
1940年　県立福島高等女学校卒
1942年　県立福島女子師範学校二部卒
1960年～1976年　国立療養所多磨全生園、全生園分教室小学校勤務
現在　四十余年間日本文学協会会員として、各部会に出席、機関誌「日本文学」に論文等を発表。
主な著書　①「らい学級の記録」明治図書　1963年
②「鏡の向こうの子どもたち―訪問学級の中から」創樹社　1984年
③「わが『時禱書』―ある女子師範生の青春」オリジン社　1994年
④「書かれなくともよかった記録―『らい病』だった子らとの十六年」自費出版　2000年
注　②の記録については、本書に序文を頂いた猪野謙二先生が、次のように評して下さっている。(同書カバーに記載)
「記録文学の一つの頂点を思わせる。さきの『らい学級の記録』と併せて、戦後史の特異な一側面の立派な証言にもなっており、広く読まれて然るべき本である」

「らい学級の記録」再考　◎検印省略

2004年8月25日　第1版第1刷発行

著者　鈴　木　敏　子

発行者　田　中　千津子
発行所　株式会社　学　文　社

〒153-0064　東京都目黒区下目黒3-6-1
電話　03（3715）1501（代）
FAX 03（3715）2012
http://www.gakubunsha.com

印刷　新灯印刷

乱丁・落丁の場合は本社でお取替えします。
定価は売上カード，カバーに表示。

ISBN 4-7620-1329-3